Alejandro Palomas

Esto no se dice

imago mundi

Alejandro Palomas

Esto no se dice

Ediciones Destino Colección Imago Mundi **Volumen 338**

Ediciones Destino, un sello editorial de Editorial Planeta, S. A.
Avda. Diagonal, 662-664, 08034 Barcelona (España)
www.planetadelibros.com
www.edestino.es

Primera edición: octubre de 2022
ISBN: 978-84-233-6209-7
Depósito legal: B. 14.423-2022
Composición: Realización Planeta
Impresión y encuadernación: Egedsa
Printed in Spain - Impreso en España

A quienes no dijeron
porque no les dieron voz

A mi madre, gracias por no dejarme caer

Un niño triste es, en el mejor de los casos, un adulto desesperanzado.

ANTES DE EMPEZAR…

El 26 de enero de 2022, en el curso de una entrevista en el programa «Hora 25» de la cadena SER, hice público que entre los ocho y los nueve años de edad fui víctima de abusos y agresiones sexuales continuadas por parte de un docente religioso del colegio La Salle de Premià a quien, por recomendación de mi abogada, llamé en aquel entonces «hermano L.». Al día siguiente, algunos medios de prensa escrita del país se hicieron eco de la noticia, y dio comienzo un frenético torbellino de atención mediática, de la que fui foco y protagonista: informativos, magazines, radios, medios extranjeros… y la política. Unos días más tarde, me reuní con el presidente del Gobierno en la Moncloa para mantener con él una conversación privada sobre las medidas que su partido tenía previsto presentar en sede parlamentaria con el fin de acabar con la lacra de los abusos a menores por miembros de la Iglesia católica.

Desde ese día hasta hoy ha pasado el tiempo, no sé si mucho o poco, no sé si el suficiente. La única certeza que ahora me acompaña es que en estos meses he vivido tantas cosas —la mayoría reconfortantes, otras muy dolorosas— que de algún modo mi mundo ha cambiado para siempre. Quizá yo lo haya hecho también, aunque supongo que es demasiado pronto para saberlo. Si en este momento, aquí, delante de estas páginas, alguien me preguntara por qué lo hice, por qué me levanté esa mañana de enero de la mesa del desayuno después de haber leído en el periódico que la cúpula de La Salle no pensaba dar atención específica a los abusos cometidos por sus miembros, a pesar del número de centros de la orden en los que había —y sigue habiendo— denuncias por pederastia, y decidí contar lo que hasta entonces solo conocíamos en la intimidad de la familia, no sabría responder.

¿Por qué lo hice?

No he dejado de preguntármelo ni un solo día durante todos estos meses. ¿Qué pasó? ¿Qué vi? ¿Qué cuerda tocó ese titular que no habían tocado tantos otros antes, muchos de ellos incluso más ofensivos, más provocadores? ¿Qué «leí»? ¿Qué dolió?

Mentí. En las semanas que siguieron a mi declaración pública mentí cuando tocó dar una respuesta a esa pregunta. Mentí porque no había calculado bien, como suele ocurrir cuando reaccionamos desde la víscera, heridos o rotos durante demasiado tiempo, sin darnos esos cinco minutos necesarios para pensar dos veces lo que nos conviene. Mentí porque me fallaron los cálculos y no tenía la respuesta a una pregunta que no había anticipado. Desde que esa mañana de enero decidí hablar, enseguida inmerso en el torbellino mediático que a punto estuvo de llevarme por delante, nunca, en ningún momento, se me ocurrió pensar que desde el otro lado, más allá de los detalles, de la dureza y del impacto que mi relato detallado de los abusos y agresiones podía provocar, el epicentro de la curiosidad, LA pregunta que iba a repetirse una y otra vez desde la primera entrevista iba a ser esa: «¿Por qué ahora?». No se me ocurrió que la sociedad pregunta —preguntamos— así, defendiéndonos de lo que nos pilla a contrapié. Y fui torpe, muy torpe. A mi edad, y con mi experiencia con la prensa y con la curiosidad ajena, tendría que haber llevado preparadas las respuestas a las cinco preguntas básicas que sin duda estaban por llegar. Pero me equivoqué. Di por hecho que, contando una verdad como la que había decidido compartir, nadie pediría que justificara el momento elegido para hacerla pública.

Ese día aprendí que toda información, incluso la confesión más íntima y dolorosa, debe estar milimétricamente justificada, que incluso un gesto tan costoso, ese abrirse en canal ante el mundo para denunciar lo que nadie debería haber sufrido nunca, tiene que hacerse con una red debajo para no caer sobre asfalto. Y entendí también que quizá sea ese precisamente uno de los motivos por los que la gran mayoría de los hombres y mujeres que han sufrido violencia sexual durante la infancia o la adolescencia nunca lo cuentan. Saben —intuyen— que tendrán que pasar por el filtro de ese «¿Por qué ahora?», que no es sino otra forma de poner en duda sus intenciones y por tanto también su verdad. Esa pregunta esconde muchas otras que tememos y que viven ocultas bajo esa costra, preguntas e insinuaciones que yo recibí, directa e indirectamente: «¿Hablas ahora por venganza?», «Querrá dinero, verás», «Seguro que está a punto de sacar una novela y necesita promoción extra», «¿Qué buscas haciendo daño a un anciano indefenso a estas alturas?», «¿Para qué?», «¿Contra quién?». La sociedad no ve con buenos ojos esta clase de testimonios, del mismo modo que no quiere ver los puntos negros que nos muestran y delatan lo que hacemos mal —el mal trato a nuestros mayores, a los animales, a las mujeres, al vulnerable en general—, la cara B que nos define como grupo imperfecto. Un hombre que a los cincuenta y cuatro años cuenta en público y sin filtro que le proteja que otro hombre, religioso además de una congregación históricamente reputada, abusó de él cuando tenía nueve años, sometiéndolo a toda clase de vejaciones físicas y psicológicas y arrancándole la infancia del cuerpo, es en el fondo una luz que pone el foco en ese catálogo de sombras terribles que como sociedad no hemos conseguido erradicar. Cualquier abuso contra un ser desprotegido es una voz acusadora que no gusta. A nadie nos sienta bien que nos apunten dónde fallamos. No llevamos bien los toques de atención. Sin embargo, no por eso el error deja de serlo ni el responsable de que este no se repare es menos responsable.

El jueves 27 de enero, el país despertó con mis declaraciones a doble página en buena parte de los periódicos nacionales. Enseguida llovieron las llamadas. No desayuné, no comí ni cené ese día. No hubo tiempo material para atender a todo el mundo. Recuerdo la ansiedad, el cúmulo de mensajes, mails, llamadas perdidas, duplicadas: «Si no puedes llegar hasta aquí, lo hacemos por Skype, no te preocupes», «¿Podrías venir mañana al directo de las 8.30?», «No, te vamos a buscar nosotros. Da igual que estés tan lejos, de eso se encarga Producción»… La urgencia: caras distintas, medios distintos, todos querían saber y, sobre todo, todos querían ser los primeros. En cuestión de horas, yo había dejado de ser yo y me había convertido en la noticia que había compartido y que —eso esperaban todos— a buen seguro escondía muchas otras verdades que podían quedar al descubierto, porque desde un principio mostré mis cartas y conté de frente, escena tras escena, sin maquillar nada. De la noche a la mañana había dejado de ser el Alejandro escritor para transformarme en «actualidad». No solo me entrevisté con el presidente del Gobierno esos días. Fueron muchas y muchos a quienes vi y con quienes hablé: políticos/as, hombres y mujeres de la cultura, abogados…; me reuní con muchas personas durante las semanas que siguieron, algunas de ellas muy influyentes, gente a la que no he mencionado nunca y a la que quizá nunca vuelva a tener acceso directo y cuyos nombres, por expreso deseo de ellos, mantendré en el anonimato.

Salvo en muy contadas ocasiones, la pregunta que prácticamente abrió las entrevistas y conversaciones fue siempre la misma:

«¿Por qué ahora?».

Nadie imagina cuánto dolió, ni siquiera después de que la ola de la actualidad me haya dejado atrás, rápidamente reemplazado por otros picos informativos. Dolió porque, cada vez que alguien me hacía esa pregunta, el Alejandro de nueve años que durante meses calló los horrores que lo han acompañado hasta hoy volvía a mirar el mundo desde abajo, pillado en falta y encogido en un rincón de oscuridad, esperando el castigo. Dolió el cuestionamiento, dolió ese recordatorio constante de que, si no era capaz de pasar ese filtro, ese primer interrogante, el resto de mi relato quedaba deslegitimizado.

Mentí para saltar esa valla, la primera de muchas otras que me esperaban en una carrera de obstáculos que todavía ahora está lejos de terminar. Mentí y funcionó.

«Lo cuento ahora porque mi madre ya no está.»

Eso dije. Cuando lo oyer
suelo y las cabezas asintiero
ble.» «No querías hacerle d
nó. Había demasiada pris
detalles. A fin de cuenta
estaba por llegar no lo
Superé ese primer
más, a mi madre, la m
de la muerte. Tuve q
su ausencia, le doy
tenerla aquí para
mientras damos
cuesta, cuesta m
La respuesta
mento hubier
verdad y nad
hoy seguram
voy a comp
que cualq
Y son
Hab
por un
siento
el cu
día
ta.
en
é

UN NIÑO

Podría ser el título de una de mis novelas —de hecho, casi lo fue— y estaría bien así, como en su día ocurrió con *Una madre*. Quienes conocen mi obra saben que podría hablar de mi madre en cualquiera de sus múltiples versiones y creo que todas serían igual de válidas, aunque a estas alturas no sé si alcanzaría a hacerle justicia con alguna. Intentaré referirme a ella únicamente lo indispensable, aunque costará. Su figura es esencial no solo en lo que soy —y en quién soy— ahora, sino también en el hecho de que el niño que sigue respirando, o lo que queda de él en mí, esté ahora aquí, con vida, hablando de un pasado porque lo tiene. No miento ni exagero si digo que sin mi madre yo no habría sobrevivido. No habría tenido la fuerza, el empuje ni la motivación suficientes para vivir los años que lo he hecho. Dicho de otro modo: sin su presencia en el mundo, yo me habría quitado la vida hace mucho tiempo. Es así y así lo digo, aunque sé lo que eso provoca en quien lo oye o, en este caso, en quien lo lee. A estas alturas, adornarlo no serviría de nada y yo no he llegado hasta aquí para adornar la verdad, más aún cuando mi madre y yo hablamos de ello en más de una ocasión, la última hace apenas dos años.

en el recuerdo una imagen de mí como la de un niño infeliz. Más bien al contrario.

Sin embargo, desde hace unos meses —tras mi confesión pública sobre los abusos y las agresiones sexuales que sufrí durante ese tiempo y los años de acoso escolar, previos y posteriores— la pregunta ha encontrado su respuesta. Y no es que mis hermanas no estuvieran al corriente de lo que ocurrió. Sabían, sí, pero desconocían la magnitud real de los hechos, porque yo nunca me había atrevido a detallarlos con ellas y porque, desde el día en que mis padres los denunciaron en el colegio, el asunto no volvió a mencionarse en casa. Mis hermanas no quedaron incluidas en la ecuación del horror. Supieron, el titular sí las alcanzó, pero eran demasiado pequeñas. Es más, el día que relaté en mi primera entrevista algunas de las escenas más duras de lo ocurrido durante el año de abusos en manos del Hermano de La Salle, ellas lo oyeron por primera vez. Curiosamente, me resultó más fácil que lo supieran así, al mismo tiempo que lo compartía con el país entero, que tener que sentarme con ellas a una mesa, los tres solos, y contárselo en la intimidad.

La intimidad entre nosotros tres llegó poco después, una tarde extrañamente cálida de marzo. Era domingo y habíamos comido juntos en casa, aprovechando una temperatura de falsa primavera que templaba el campo. Ellas estaban aún instaladas en la estela del estado de shock que había traído consigo mi confesión y yo seguía entre avergonzado e incómodo después de haber hablado, porque compartir algo así con los tuyos es desnudarte del todo. De algún modo, como ya me había ocurrido de niño con mi madre cuando decidí sincerarme con ella, había vuelto a enfrentarme al temor de que la verdad —esa verdad tan fea— llevara consigo perder lo poco que me quedaba: que quienes más importan te rechacen por estar sucio, por haberte convertido en un hijo, en un hermano no querido. Esa conversación entre hermanos es el germen de lo que contienen estas páginas. Fue una tarde entera sentados delante de la chimenea, ellas escuchando, yo vaciándome de verdades que se consumían en el fuego como los leños con los que la mediana iba alimentando un calor que no lograba caldear del todo el salón. Recuerdo que, cuando terminé de contar los detalles de aquel año de abusos y violencia sufrida en el colegio, nos quedamos en silencio. Fuera llovía y la oscuridad había caído sobre la casa como una opaca campana de cristal. Los perros dormían. Aparte del crepitar del fuego, no se oía nada. Tras un par de minutos sin hablar, la mayor rompió la quietud encendiéndose un cigarrillo. Despacio, como si estuviera masticando lo que no se atrevía a decir, dejó la caja de cerillas sobre la mesita.

—Menos mal que mamá ya no está —dijo con la voz llena de aire antes de expulsar un chorro de humo hacia el fuego—. Has hecho bien en esperar y ahorrarle todo esto.

Hubo otro silencio, este más corto.

—No es todo —dije.

La mediana, que acababa de arrodillarse delante de la chimenea, se volvió con las pinzas en la mano.

—Lo que os he contado no es todo —aclaré.

Volvió el silencio. Esta vez fue un minúsculo hueco de palabras que los tres conocemos bien porque lo compartimos desde que éramos niños. Es parte de nuestro léxico familiar, ese complejo mapa de voces, miradas y, sobre todo, de esperas mudas en las que nos reconocemos como parte de un mismo nido. Migas de pan seco que, bien o mal, hemos ido dejando táramos lo valiente que había sido. Aquello no funcionó del todo y, mientras me arreglaba la cama y ordenaba el material que había usado para curarme, pareció pensarlo mejor y me dijo que de acuerdo, que no me preocupara.

—Llamaremos a tu casa esta noche —convino—. Y si ya estás bien y no tienes fiebre, subiré a buscarte para que hables con ella, ¿vale?

Me calmé. Si íbamos a hablar con mamá, eso quería decir que a lo mejor me había equivocado y mis temores eran, por una vez, infundados. Quise creerlo. Quizá, como estaba enfermo, el Hombre no iba a obligarme a «hacerle cosas» y me libraba de uno más de los episodios que llevaba sufriendo desde hacía casi medio año con él en su coche, cuando me llevaba a casa desde el colegio porque me encontraba mal, o cuando algunas tardes me subía con él a su cuarto, me sentaba en sus rodillas para trabajar juntos la redacción y enseguida me cogía la mano y se la metía en el bolsillo del pantalón mientras se frotaba contra mí, aplastándome contra su pecho y pidiéndome que le «hiciera cosas».

Me metí en la cama en calzoncillos.

—Tu ropa habrá que lavarla —dijo—. No vaya a ser que aún queden cristales.

Luego me arropó y se marchó.

Lo que siguió fue la oscuridad.

Hubo cuatro visitas del Hombre desde esa tarde hasta el amanecer del día siguiente.

La primera fue a la hora de la cena. Llegó con una bandeja y dijo que tenía que tomarme la temperatura. También dijo que habían decidido esperar un poco para llamar a mi casa. Repitió que no les parecía buena idea alarmar a mi madre.

—Mejor mañana —fue todo lo que dijo. Estaba enfadado. Yo conocía demasiado bien esos enfados. El Hombre los mostraba a veces, en los distintos escenarios en los que durante meses se había masturbado sobre mí mientras intentaba hacerlo también conmigo. Si eyaculaba muy rápido, se ponía rojo de rabia y maldecía entre dientes. Luego me apartaba de un empujón y se limpiaba. Esa misma rabia era la que estaba ahí esa noche. Intenté no provocarla y cené en silencio. Cuando acabé la sopa y el yogur, me retiró la bandeja y me puso el termómetro—. Antes de cenar hemos hablado por teléfono con el médico. Seguramente vendrá mañana a verte, depende de cómo pases la noche. También nos ha dicho que, por prevención, lo mejor es que te sujetemos las manos para dormir. Ya sé que igual es un poco incómodo, pero es importante que mientras duermes no te toques el ojo sin querer y te hagas daño. Sería muy peligroso.

Luego me ató las muñecas con una especie de cinturón pequeño, una de esas correas cortas y delgadas muy parecida a las que usábamos para atarnos los patines de suela metálica que utilizábamos en esa época.

—¿Te aprieta mucho? —preguntó.

No recuerdo si contesté. Creo que simplemente negué con la cabeza.

Después me quitó los calzoncillos y se los guardó en el bolsillo, me movió en la cama para colocarme de costado de cara a la ventana y de espaldas a la puerta («Ya verás como así estarás más cómodo», dijo) y me tapó con la sábana.

—Pasaré a ver cómo estás. Hay que vigilar que no te suba la fiebre. Ahora descansa —fue lo último que recuerdo haberle oído decir antes de dejar el termómetro y un par de toallas encima de la mesilla y alejarse hacia la puerta.

nes que despierta en mí la figura de mi padre, no dudaría: la tensión. Eso y la sensación de intentar en todo momento evitar quedarme a solas con él, como cuando hay en un grupo alguien con quien sabes —los dos sabéis— que mientras el grupo es tal, la no relación se mantiene disimulada porque el ruido común la oculta bien, pero, ay si resulta que por casualidad o por error de cálculo toca pasar un rato a solas. El silencio y la incomodidad delatan lo que ya es imposible disimular.

Me detestaba. Papá empezó a detestarme desde muy temprano por haberle robado a ese niño imaginario sin el que yo le había dejado con mi llegada. Su ilusión de padre se vino abajo cuando entendió que el Alejandro que le había tocado en suerte poco tenía que ver con el modelo de hombre destinado a triunfar en todo aquello que, por motivos que costaría resumir, él había tenido que dejar a medias en su trayectoria personal: los estudios de ingeniero textil, una incipiente carrera como promesa del fútbol, el éxito con las mujeres. La decepción, a medida que yo crecía, fue tan profunda y quedó confirmada tan pronto, acompañada además de la escasa química natural que existía entre los dos, que él renunció enseguida a mí, dejándome en brazos de mi madre y dándome por perdido. Mi existencia, expuesta a los ojos del mundo, era su fracaso, y él así lo vivió y me lo hizo sentir desde muy pequeño y durante todos los años que pasaron hasta que decidió dejar de estar. Un niño afeminado, tímido y asustadizo como yo, al que en las tiendas las dependientas confundían a veces con mi hermana mediana, un niño que se apropiaba de las muñecas que la mayor había aburrido, era demasiada afrenta y demasiada vergüenza, porque ese niño-niña cuya esencia él ni entendía ni aceptaba ponía en entredicho su masculinidad paterna, subrayando un mar de inseguridades que a él le aterraba ver en público.

Culpables. Papá era un gran experto en buscar y en encontrar culpables de todo aquello que le implicaba, directa o indirectamente, en algún error, fracaso o tropiezo visible desde el exterior. Lo que en su vida no funcionaba era responsabilidad directa de los demás. Él no se equivocaba, al menos en las cosas importantes. Nunca. Si acaso, era el mundo el que conspiraba contra él: la gente trabajaba mal, la gente no era de fiar, la gente se aprovechaba de uno en cuanto podía, la gente nunca estaba a la altura. «Mala gente, niños. Cuidado con confiar en nadie, que ya veis lo que pasa», decía a menudo.

La gente, siempre la gente.

Culpables. Un hijo como yo —un error así— necesitaba un culpable, o mejor varios. Y, como era ya costumbre en él, no le costó desviar la mirada hacia mamá y depositar el peso de su decepción conmigo en ella. En ella y, sobre todo, en la abuela, a la que él despreciaba por encima de todas las cosas.

«Tú y tu madre.» El binomio maldito. Cuando papá empezaba así una frase, lo que venía a continuación era la culpa en alguna de sus versiones. «Tú y tu madre siempre hablando por teléfono», «Tú y tu madre siempre con vuestros secretos», «Tú y tu madre estáis criando a este niño como…, bueno, ya lo ves». Mamá y los abuelos —especialmente la abuela— eran los culpables reincidentes de su desencanto con el mundo y de su paternidad afeada. Y sobre todo —y eso era casi más importante— eran los responsables de su vergüenza.

«Demasiadas faldas, este niño. Entre tú y tu madre ya lo veis», gruñía cuando por la noche entraba por sorpresa en el cuarto de mis hermanas para arrancarme de la cama de la mediana y me llevaba rezongando en brazos a mi cuarto. «Este niño tiene su habitación. No entiendo qué hace siempre durmiendo con las niñas.» Luego, cuando se iba, me advertía: «Y ahora no te hagas pipí. A ver si tenemos la fiesta en paz esta noche. Entre eso y las muñecas... En fin, mejor no digo nada».

Con el tiempo —y mucho trabajo en mis años de terapia— he llegado a entender que seguramente, aunque él nunca se lo planteara abiertamente, a mi padre le habría gustado quererme. El problema era que desde muy pronto el rechazo que yo provocaba en él lo superó, incluso físicamente. No entendía por qué yo era así, por qué «le había salido» tan parecido a mamá, tan rubio, tan poco hombre. Recuerdo que siendo yo muy pequeño —debía de tener unos tres años, no más— hubo una época en que cuando él llegaba a casa del trabajo y mamá me tenía dormido en su regazo, ya cenado, papá se acercaba sin hacer ruido, me tomaba en brazos y frotaba su mejilla contra la mía, no con cariño, sino bruscamente, raspándome la piel de la cara y del cuello con su barba incipiente y cerrada y despertándome en llanto. No consigo recordar que alguna vez me diera un beso. Solo esa forma de tocarme, quizá de expresar con el gesto lo que no se permitía decir en voz alta: «Esta barba, este hombre es lo que tienes que ser. Entiéndelo, hijo, ahora que todavía estamos a tiempo». Nunca, ni siquiera cuando los dos éramos ya un par de hombres adultos, hubo un abrazo, un roce o un contacto. Nunca una muestra expresa de cariño. Nunca una mirada de complicidad.

La poca que tuvimos durante mi infancia se esfumó veinticuatro horas después de que yo le confesara a mamá que durante el último año había sido abusado por el Hermano en el colegio. La tarde en que por fin me atreví a contarlo, quien estuvo conmigo fue mi madre, solos ella y yo en la cocina.

—Ya se lo diré yo a papá esta noche, no te preocupes —me tranquilizó cuando le pregunté si me tocaría contárselo también a él. Ella era la correa de transmisión habitual entre papá y nosotros. Si había que pedir dinero para una excursión, mejor confiar en mamá para que negociara con él y con la marejada de mal humor que a buen seguro estaba por llegar. Pronto aprendimos que el contacto directo con papá había que dejarlo para una ultimísima opción, pues sus estallidos dependían de muchas variables y nunca eran predecibles. Pedir algo, cualquier cosa que tuviera que ver con los gastos del día a día, ya fuesen unas zapatillas de deporte nuevas, una chaqueta, bajar a por una caja de Vichy a la tienda de la señora Rosa, el dinero para la lista de los libros y material escolar del curso o para una excursión…, todo llegaba precedido por un dolor de estómago anticipado y compartido. Había que esperar el momento, estar muy atentos y aprovechar una cena de adultos o cualquier otra situación favorable en la que él no pudiera negarnos lo que necesitábamos sin quedar en evidencia delante de sus amigos o del resto de la familia para poder salirnos con la nuestra. Había que «conspirar», como decía la mayor. Esa es una expresión que todavía mantenemos los hermanos. Ha pasado a formar parte del léxico heredado de esos años difíciles. Mamá ayudaba, claro, ayudaba en lo que buenamente podía, aunque no siempre con el mismo resultado. Después, tarde o temprano, recibía en diferido las consecuencias de su intervención: reproches, peleas, mal humor, tensión…, siempre la tensión sobrevolándolo todo como un segundo cielo interior.

La tarde que le confesé lo de los abusos, mientras ella iba ganándose mi confianza y yo dejaba que poco a poco fuera arrancándome detalles de lo que habían sido las agresiones, el acoso y la violencia sufrida en manos de aquel Hermano al que mamá ni siquiera se atrevía a nombrar —«ese hombre», decía, y lo repetía todo el rato, pasándose repetidamente las manos por los brazos como si tuviera frío—, una parte de mi atención estaba puesta en papá. Yo hablaba con miedo, miedo a muchas cosas. Él era una de ellas. Cada vez que oía el runrún del ascensor, me encogía y mi relato quedaba suspendido, flotando durante unos segundos en el aire de la cocina. ¿Y si papá no me creía? ¿Y si, en vez de actuar como lo estaba haciendo mamá, tenía una de sus reacciones y esa misma noche me llevaba de la oreja a ver al Hermano para que volviera a contarlo todo delante de él? ¿Y si se enfadaba conmigo por habérselo contado primero a mamá y no haberle esperado?

Peor aún… ¿Y si tenía razón y, como me decía siempre el Hermano cuando me tenía sobre sus rodillas y, rabioso conmigo por lo que me decía que le obligaba a hacer, se limpiaba el pringue de la mano con el pañuelo, era yo quien tenía la culpa de lo que pasaba y quien le obligaba a masturbarse mientras me decía al oído todas esas cosas que yo no entendía?

¿Y si…?

Tantas dudas… Tanto miedo…

Horas más tarde, esa misma noche, oí hablar a papá y a mamá en el salón. A pesar de que tenían la puerta cerrada, mamá había dejado abiertas las del pasillo y la conversación llegaba en pequeñas ráfagas amortiguadas hasta mi cuarto. Yo apenas respiraba, intentando entender lo que decían. Mamá llevaba el peso de la conversación. Su voz se alargaba durante un buen rato, como cuando en el colegio, durante la hora que teníamos de lectura en voz alta, te tocaba uno de esos párrafos interminables del libro en los que costaba respirar porque el punto y aparte no llegaba nunca y no sabíamos dónde parar. Papá la interrumpía a veces, muy pocas, aunque a él yo casi no lo oía. Después de unos minutos, me pareció que mamá subía el tono, como si hablara intentando no gritar, aunque eso no duró. A partir de entonces los silencios fueron en aumento hasta que, tras un intervalo en el que ninguno dijo nada, oí una ráfaga de voces distintas, como amontonadas, y también música, y por la sintonía de un anuncio que reconocí entendí que habían encendido la tele. No tardé en quedarme dormido.

Al día siguiente papá salió de casa temprano. Lo hacía a veces, cuando tenía una gestión en el banco o en la gestoría o visitaba a clientes de algún polígono antes de ir a la ciudad. Esos días, que eran los menos, no me acompañaba en coche al colegio. Me tocaba entonces coger el autobús escolar que recogía a los niños del pueblo y que yo temía por encima de todas las cosas. Para quien no lo sepa, los autobuses escolares —si puedo, quizá entre con detalle en esto más adelante— son, sin lugar a duda, uno de los territorios que más angustia generan entre los niños y niñas que sufren acoso escolar. Quien en su día haya sido víctima de acoso o tenga algún hijo o hija que esté pasando por ello seguramente recordará o imaginará sin dificultad el terror que nos invade en el momento de subir al autobús del colegio, anticipando desde que nos levantamos ese microuniverso infernal que desafortunadamente conocemos ya al milímetro: las miradas, los comentarios y sonrisas burlonas o, en el peor de los casos, las amenazas explícitas e incluso los conatos mal disimulados de violencia física que nos esperan en ese eterno recorrido por el estrecho pasillo que ha de llevarnos a nuestro asiento. Esos segundos de pasillo son la pesadilla matinal de toda víctima infantil, acorralada en cuanto suena el suspiro de la puerta delantera del bus y el vigilante que va sentado junto al conductor te da un pequeño empujón supuestamente cariñoso antes de volver a sentarse y te dice, impaciente: «Venga, vamos. Espabila y siéntate rapidito, que hoy vamos con retraso».

Aquella fue una de esas mañanas. Hasta entonces era mi padre quien, salvo días muy contados, me llevaba al colegio de camino al trabajo. De ahí que, afortunadamente, el infierno del autobús representara una amenaza menor y de urgencia. Sin embargo, al día siguiente, cuando me levanté y entré en la cocina, papá había vuelto a ausentarse.

—Date prisa, Jandro, hoy también tendrás que volver a coger el autobús —anunció mi madre—. Papá ha tenido que madrugar. —Estaba de espaldas, esperando a que hirviera la leche que había puesto al fuego en el cazo pequeño. En el baño, la mediana y la mayor discutían por algo de los leotardos y el uniforme, y en la encimera la radio anunciaba lluvia. Me senté a la mesa con el estómago encogido. Nos quedamos callados los dos, esperando.

—Pero mañana ya no, ¿verdad? —fue lo único que me salió decir mientras la leche siseaba en el cazo, empezando a espumear hacia las alturas.

Mamá apagó el fuego y se volvió despacio, rehuyéndome la mirada.

—Es que..., bueno, a partir de ahora papá va a tener que

entrar a trabajar antes y ya no podrá seguir llevándote —respondió, sentándose delante de mí a la mesa—. No sé cuánto tiempo.

No dije nada. Mientras revolvía el Nesquik me dediqué a contar los meses que faltaban para el final de curso y, con un nudo en el estómago, calculé la montaña de días con sus correspondientes mañanas de autobús que me esperaban. Intenté no llorar. Ella encendió un cigarrillo —en aquella época fumaban los dos, papá y mamá— y sonrió.

—Ayer por la tarde fuimos al colegio a hablar de lo que me contaste —dijo, esparciendo una cucharada de mermelada en la tostada y dándomela después—. Fue todo muy bien. Ya no tienes de qué preocuparte. Nadie va a volver a hacerte nada, así que quiero que te quedes tranquilo, ¿vale?

Justo entonces caí en la cuenta de que a primera hora me tocaba tutoría con el hermano L. No fui capaz de comerme la tostada.

—Pero… ¿y el hermano L.? —pregunté—. ¿Y si…?

—Tranquilo, está todo arreglado —me interrumpió—. En el colegio se encargan.

—¿Y papá?

Me miró raro, como si no entendiera la pregunta.

—¿Qué dijo? —insistí—. Cuando se lo contaste.

Se limpió la mermelada de los dedos con la servilleta y apagó el cigarrillo en el cenicero.

—Bueno, ya sabes cómo es —dijo con una mueca que pareció una sonrisa pero que no le salió del todo entera—. Él… habló con ellos y nos dijeron que lo resolverían, que era cosa de los hermanos, de ellos. —No entendí muy bien lo que quería decirme, pero no pregunté—. Y también nos pidieron que no dijéramos nada, que como se trata de una cosa interna, cuanta más discreción mejor.

Discreción.

Mamá se quedó callada y, mientras yo me tomaba el Nesquik tibio, intenté descifrar qué podía querer decir aquello de la discreción. La palabra me sonaba. ¿De qué? Estuve dándole vueltas durante un rato hasta que de pronto me acordé. ¡Era la misma palabra que usaban los piratas y los corsarios de los tebeos de *El Corsario Negro*! ¡Siempre decían eso! Decían: «¡Abrid fuego a discreción, valientes! ¡Vamos, no os durmáis! ¡A babor, a babor!». ¡Con la mediana a veces jugábamos a los abordajes, ella en su cama y yo en la de la mayor, y siempre lo decíamos!

Claro. Eso era.

—¿«Discreción» es que a lo mejor tenemos que ir a un sitio que está en el mar, pero en el lado del espigón donde están el club náutico y las regatas porque allí no llegaron los piratas? —le pregunté a mamá, no muy seguro de que fuera a entenderme. Ella se echó a reír, aunque solo un poco, porque enseguida levantó la vista hacia el reloj de plástico naranja que teníamos en la pared, justo encima de la nevera, y puso cara de horror.

—¡Ay, Dios! —casi gritó—. ¡Son menos cinco! Corre, ve a lavarte los dientes antes de que tus hermanas se metan en el baño. ¡A ver si no llegas!

Minutos más tarde, mientras caminaba acelerado hacia la parada del autobús y repasaba mentalmente las cuentas de los días que faltaban para el final de curso, entendí, como buenamente es capaz de entenderlo un niño de nueve años, que algo debía de haber salido mal con papá. La respuesta de mamá, esa ingenua torpeza a la hora de mentir tan reconociblemente suya y que tantos problemas habría de causarle en el futuro, era como un neón que confirmaba lo que yo tanto había temido. Obviamente, no supe formularlo en aquel entonces como lo hago ahora. No tenía las herramientas que solo dan la madurez y también la perspectiva en el tiempo. En cualquier caso, mientras esperaba en el semáforo para cruzar la carretera y veía pasar los coches llenos de niños con sus padres y madres al volante, sentí de algún modo que papá no volvería a llevarme más al colegio porque yo le había fallado en algo. Ahora sé que lo que intuí entonces, aunque nunca me atreví a preguntarlo, era que, como tantas otras veces antes, le había avergonzado, en esa ocasión delante de la dirección del colegio, y el castigo por ello —que, seguramente, yo tenía más que merecido— era dejar de llevarme al colegio por las mañanas.

Esa fue mi primera lectura, aunque no la única. A lo largo del día, un nudo de pequeñas piedras fue cerrándome el estómago. Vomité el almuerzo durante el recreo del mediodía y aguanté las náuseas como pude hasta la hora de salir. Cuando por fin sonó el timbre y tocó subir al autobús de regreso a casa, ocurrió algo que me ayudó a entender. Fue, ahora lo sé, una triste casualidad, pero en aquel entonces, y a mi edad, yo era incapaz de interpretar la realidad como puedo hacerlo ahora. En cualquier caso, lo que pasó esa tarde terminó de dar cuerpo a un relato que mi memoria grabó a fuego en algún rincón de mi cerebro y que torcería los años que estaban por venir.

Como de costumbre, al subir al autobús me apresuré a encontrar asiento, dos libres a ser posible. Los encontré sin problema. Al poco, un niño de octavo llamado Ramón que vivía a dos calles de mi casa se sentó a mi lado. El autobús fue llenándose, aunque rara vez llegaba a ocuparse del todo, porque los alumnos que vivíamos en mi pueblo no éramos muchos. Cuando el chófer encendió el motor y cerró puertas, Ramón se volvió a mirarme y, como si de repente se hubiera dado cuenta de que era yo quien estaba sentado a su lado, torció la boca y dijo: «Bua, chaval, qué asco», antes de levantarse y cambiarse al asiento del otro lado del pasillo. No supe qué decir. Estaba acostumbrado a que a veces alguien me insultara o a que durante el trayecto me cayera alguna bofetada o alguna colleja por sorpresa desde atrás, pero ese «qué asco» era nuevo y me pilló totalmente por sorpresa. ¿Asco? Me repasé mentalmente de arriba abajo, buscando identificar si había algo en mí que pudiera justificar aquello, aunque sin éxito. El autobús arrancó y, al llegar al semáforo en rojo, se detuvo junto al muro de piedra oscura del colegio. Mientras esperábamos a que cambiara a verde, vi mi reflejo en el cristal de la ventanilla. Me vi mirándome, vi mis ojos y en ellos esa expresión de sorpresa constante que a la abuela tanta gracia le hacía y que a papá mucha menos, y vi también el asiento vacío a mi lado.

Entonces lo supe.

¿Cómo no lo había entendido antes?

Mi imagen se fundió con la rugosidad de las piedras y el cemento del muro. Era eso: asco, lo de papá era asco. Por eso se habían terminado los viajes con él al colegio. Papá no quería tenerme sentado a su lado. Después de enterarse de lo que yo había hecho con el hermano L., sabía que yo estaba sucio y que mi suciedad lo ensuciaba también a él.

Volviéndome a mirar a Ramón, que se había concentrado en una bolsa llena de gominolas con forma de botella de Coca-Cola, supe que había algo en mí que me delataba, algo que yo no veía y que los demás sí. Estaba sucio y seguramente ya todos en el colegio lo sabían, papá el primero.

Y entendí también que papá se avergonzaba tanto de mí, de lo que había ocurrido con el hermano L., que era comprensible que no quisiera que lo viesen llegar conmigo por la mañana, con un niño que había sido capaz de hacer algo tan terrible como lo que yo le había contado a mi madre. Poco castigo me pareció tener que coger el autobús para ir al colegio.

Quizá fue eso, la culpa por haberle fallado de nuevo, exponiéndolo a la vergüenza de tener que ir a contar lo ocurrido a la dirección de la escuela, lo que me manchó del todo. Esa tarde, en el autobús, comprendí que probablemente el Hermano o alguien debía de haber contado lo que yo había hecho e imaginé que todos en el colegio lo sabrían ya. De ahí la reacción de Ramón y también la de papá.

Durante el trayecto del colegio a casa se me ocurrió que lo mejor era pedirle perdón a papá, aunque hablar con él me daba un miedo terrible y eso lo hacía complicado. Quizá si conseguía decirle que yo no lo había hecho queriendo y que no sabía por qué al Hermano le pasaba eso conmigo, él me perdonaría y todavía estaría a tiempo de que nadie más se enterara de lo que yo había hecho. Tenía que darme prisa. Enseguida pensé que seguramente era mejor decírselo primero a mamá, a ver qué se le ocurría a ella. A mamá siempre se le ocurría algo, aunque no siempre funcionara, porque con papá era difícil acertar y eso la ponía nerviosa. Cuando mamá proponía algo lo hacía con cuidado. Papá le decía muchas veces que tenía ideas de bombero y que cómo se le ocurría decir tantas tonterías y que a ver si pensaba las cosas antes de hablar. Era como cuando en clase te preguntaban algo del libro y no acertabas. Depende de quién fuera, se llevaba una buena bronca solo por no saber. Pues con mamá pasaba lo mismo: tenía que decir las cosas con cuidado y cuando papá estuviera tranquilo, y siempre por partes. Primero un poco, luego otro poco, y así hasta el final, porque si lo pedía todo de una vez papá saltaba.

También me planteé esperar al día siguiente e ir a ver al hermano director, aunque con él me pasaba igual que con papá. El director nos daba miedo, mucho, pero, aunque de vez en cuando se le escapaba alguna bofetada de las que dejaban los dedos marcados, no era el peor. El peor era el coordinador. Cuando él aparecía en la puerta de clase, todos nos callábamos de golpe. Él nunca decía nada. Solo miraba. Si sonreía, entonces la cosa pintaba mal, muy mal. De todas formas, como el director decía siempre que había que perdonar a quien se arrepentía de sus pecados, a lo mejor si yo hablaba con él y le pedía perdón, él llamaría a papá y le diría que ya estaba todo solucionado.

Pero entonces me acordé de lo de la discreción. Mamá había sido muy clara: no se podía volver a hablar con nadie del colegio de lo que había ocurrido, ese era el trato. El asunto estaba cerrado, así que decidí que lo mejor era esperar a que a papá se le pasara el asco. Sus brotes de mal humor no siempre duraban, dependían de cosas que yo no entendía, pero que muchas veces tenían que ver con el trabajo o si se iba de viaje a Madrid o a otros sitios, o también con asuntos de dinero.

Cosas de mayores, como decía la mediana. Quizá el castigo del autobús solo durase hasta Semana Santa y después de vacaciones ya se hubiera olvidado.

Tocaba portarme bien y esperar.

Poco podía imaginar esa tarde mientras caminaba de vuelta a casa desde la parada del autobús que, apenas unos meses después —exactamente en agosto de ese mismo año—, papá remataría conmigo el horror de los abusos con un inesperado episodio que jamás había compartido con nadie hasta ahora.

Mamá murió sin saberlo.

Si hubiera llegado a enterarse, no se habría recuperado.

UNA CAMPANA DE CRISTAL

La primera vez que conté con detalle en televisión lo que ocurrió la noche que pasé en la enfermería en manos del Hombre fue en un programa nocturno y fue en directo. Y digo «la noche que pasé» y sé que debería decir «la noche de las violaciones», pero hay algo en mí que todavía se resiste a nombrar sin tapujos lo que sé y viví. Tendría que haber aprendido ya a hablar así, llamando a las cosas por su nombre sin sentir ese asco que aún me da terror provocar en los demás. No quiero que me miren con asco, no quiero que no me quieran, no quiero más ese rechazo que me hace sufrir como ninguna otra cosa lo ha hecho nunca. ¿Cómo se cuenta una violación? ¿Qué nombre se le pone si ya lo tiene? Podría —y así lo he hecho estos meses— hablar de agresión o de abusos y no estaría mintiendo, pero sé que eso es maquillar la verdad y en el fondo —y sobre todo— también es no decir. Socialmente, cuando hablamos de agresiones sexuales estamos huyendo de lo que es. Y huimos porque sigue habiendo algo en la violación que nos repele de tal modo que preferimos buscarle otro titular. Es un error. Lo que no se nombra no existe y aquello que se rebautiza pierde su identidad, y también su impacto original.

La escritora y antropóloga afroamericana Sarah Orne Jewett explicita en su obra cómo una de las fórmulas más eficaces empleadas por la sociedad esclavista norteamericana para limpiar su conciencia y distanciarse de la esclavitud fue cambiar cuanto antes el nombre de los hombres y mujeres negros que llegaban en los barcos para ser vendidos a los terratenientes sureños. Rebautizar, poner un nombre nuevo que nada tenga que ver con el propio, es borrar la existencia de una vida anterior, dice. Da igual si hablamos de un hecho, de una persona o de un millón. Lo que ya no se nombra no fue. Ocurre lo mismo con todo lo que atañe a la infancia. Cuando decimos «Abusar de un niño» difuminamos el enunciado y la verdad para hacerlos menos hirientes. Mala decisión. El lenguaje es un arma muy poderosa, eso lo sabemos bien quienes nos dedicamos a la escritura y quienes se dedican a la política, aunque por razones muy distintas. Yo fui un niño violado, abusado y agredido, física y psicológicamente. Lo fui todo a la vez y repetidamente.

Violar a un niño es penetrarlo analmente con violencia y contra su voluntad. Eso es lo que me ocurrió. Violar. Se dice así. No podemos caer en el error de que la palabra pueda más que lo que significa, porque con eso perdemos todos.

Las manadas violan, no agreden. No es lo mismo, aunque obviamente hay agresión en una violación. Hay que decirlo así, no nos podemos permitir esquivar lo que es por temor a herir la sensibilidad de... ¿quién? ¿De quién exactamente?

Eso es «blanquear». También se dice así. Y las víctimas, los niños, niñas y mujeres que hemos sido violados y que seguimos siéndolo a diario, incluso en este mismo momento, mientras yo escribo estas líneas, estamos cansados de sentirnos culpables por usar una palabra que nadie parece querer validar. Esa palabra nos pertenece, es nuestra, poco de entre lo poco que tenemos. No necesitamos que nadie nos rebautice y nos regale ninguna otra, porque ya existe un nombre y un verbo para lo que hemos vivido. No nos confundan más. No dejen que nos volvamos a perder.

No sabríamos volver.

La noche en que hablé en televisión lo que realmente impactó fue mi serenidad, o eso me dijeron. Sobre todo, la claridad del relato. «Como si no lo sintieras», recuerdo que alguien comentó en redes. Mentiría si dijera que me costó contarlo. Contar es lo mío. Llevo haciéndolo desde que era muy pequeño. «¿Cuándo decidiste que querías ser escritor?», me preguntan en una de cada tres entrevistas, charlas o clubes de lectura en los que participo. He contado pocas veces la verdad, sobre todo porque a menudo quienes preguntan son niños o adolescentes y no estoy seguro de poder decir lo que es, cómo es. Contar no se elige, como no se elige dibujar o la música o descifrar algoritmos. Eso está. Lo que uno sí elige es qué puede o quiere hacer con ello, cómo integrarlo en tu vida y conseguir proyectarlo en el futuro para que todo lo demás case y que no te ocupe por completo.

La verdad la he contado poco. Y aunque no es para todos los oídos, ahora que ya he compartido tanto creo que quizá sea útil para completar un rompecabezas que puede ayudar en gran medida a entender al niño y al adulto que fui y soy todavía. Al niño, al hombre y, sobre todo, al autor.

La verdad y la pregunta tienen mucho que ver. Son las dos caras del mismo disco: la A, con su letra, su estribillo y el relato que cuenta; la B, únicamente con su música, la que solo evoca y abre un espacio de intimidad en el que cualquiera puede refugiarse a descansar.

¿Cuándo empecé a ser escritor?

Empecé a ser escritor el día que dejé de ser un niño y me convertí en superviviente. Ese día entendí por simple necesidad que mi supervivencia dependía de mi capacidad de inventarme una realidad nueva para sustituir con ella el horror que nadie debía conocer.

Aprendí a contar para mentir. Sobre todo, para evitar el dolor de mi madre.

Y para hacerla feliz.

Esa es la verdad.

Fue una tarde al salir de clase. No recuerdo si ya tenía en aquel entonces nueve años, porque era otoño y yo cumplo en octubre. Lo que sí recuerdo es que había llovido con fuerza todo el día y que, como siempre que los patios de tierra del colegio quedaban impracticables, habíamos pasado los recreos jugando en la planta inferior del edificio, o lo que es lo mismo, el sótano, donde había una enorme sala de juegos y un pasillo ancho y muy largo, idéntico a los de las plantas superiores. Durante el recreo, después de comer, nos vigiló ese día el hermano L. Estuvimos jugando en el sótano hasta que sonó el timbre para subir a clase. Apenas unos minutos antes, dos niños empezaron a pelearse a mi lado en el pasillo, con tan mala suerte que fueron a dar al suelo en la pelea y, no sé aún cómo ocurrió, me arrastraron a mí con ellos. Cuando llegó el Hermano, advertido por los gritos de los demás, no preguntó. Nos castigó a los tres a quedarnos después de clase en el aula de permanencias. Yo intenté defenderme, pero era tarde y no hubo tiempo para tanto. Cuando le dije al Hermano que si me quedaba castigado perdería el autobús, él no se inmutó.

—Ya te llevaré yo a casa después, no te preocupes —dijo.

El resto del día no pude concentrarme en nada. Pasé las dos horas de clase de la tarde intentando inventarme alguna excusa para no tener que quedarme en el colegio esa hora extra. Me preocupaba mamá. Me preocupaba que se asustara si yo no llegaba, aunque sabía por quienes se quedaban castigados a menudo que desde el colegio llamaban a las casas para avisar del retraso. Pero ¿y si mamá no estaba en casa? ¿Y si había salido a comprar? Decidí que en cuanto sonara el timbre, bajaría corriendo a la clase de los castigados y le diría al hermano L. que tenía que ir al médico y que si quería podía hacer copias en vez de quedarme. Lo de las copias era, además de las permanencias y alguna bofetada, otro de los castigos que nos caían habitualmente —«No volveré a olvidarme los deberes en casa» (mil veces), «Traeré limpio el equipo de gimnasia a clase» (quinientas veces)...— y, en ocasiones, según el humor del Hermano, era una moneda de cambio aceptable cuando había que negociar castigos. Pero no hubo suerte ese día. El aula de permanencias estaba vacía. Al parecer, los otros dos niños se habían librado del castigo porque tenían entrenamiento de fútbol y eso, en el colegio, era razón de más para el perdón, de modo que esa tarde era yo el único al que le tocaba quedarse.

El Hermano llegó al poco. Al ver el aula vacía, puso cara de fastidio y volvió a salir, supuse que en busca de los otros dos niños. Minutos más tarde regresó y al entrar se detuvo junto a la puerta.

—Como hoy no hay nadie más, mejor subimos a mi habitación. Estaremos más cómodos y así pueden pasar ya a limpiar esta clase.

La habitación.

Hasta esa tarde, yo había estado en su habitación una sola vez. Había sido casi al final del curso anterior, antes del verano, o lo que es lo mismo, antes de la noche de las agresiones en la enfermería de la casa de colonias. Hasta entonces, los abusos habían ocurrido casi siempre en su coche, cuando yo enfermaba durante el día y él me llevaba a casa antes de comer. Había sido una visita rápida. Él me había pedido que le ayudara a subir unas bolsas y había aprovechado para enseñármela, poco más. Para mí era un territorio nuevo.

En cuanto entramos, me sentó en la cama y me dijo que íbamos a aprovechar para trabajar en la redacción que yo estaba escribiendo en clase. Él no solo era el tutor de mi curso, sino que además era el profesor de lengua y yo, debido a mis dotes para la lectura y la escritura, su alumno favorito. A esas alturas estábamos trabajando en una redacción que teníamos que presentar a un concurso, creo recordar que del mismo colegio, y la mía, que a él le encantaba, se titulaba «Historia de una colilla».

En cuanto saqué de la cartera la hoja con la redacción y la puse sobre la carpeta, él se sentó a mi lado, muy pegado a mí. Enseguida entendí. Recuerdo que lo que más miedo me dio fue la cama. Si había una cama, podía volver a ocurrir un episodio como el del verano en la enfermería y tenía que evitarlo como fuera. Le dije que me costaba mucho escribir así, encima de la carpeta, y que si podía sentarme en la silla que tenía delante del escritorio. Él no contestó enseguida, pero cuando lo hizo parecía contento.

—Claro —respondió por fin, apartándose de mí—. En el escritorio podrás escribir mejor, seguro.

Nos levantamos. Él retiró la silla y, cuando yo ya estaba a punto de sentarme, me detuvo.

—Haremos una cosa —dijo—. Como solo tengo una silla, me sentaré yo primero y tú puedes sentarte encima. Así estarás más cómodo.

En ese momento entendí que me había equivocado.

Empezó, como siempre, con las cosquillas. Primero en la parte baja de la espalda y en los costados, con la primera falta de ortografía o de redacción. «¡No, hombre! ¡Cómo me vuelves a escribir *río* sin acento! ¿Otra vez?», saltaba, supuestamente molesto. Entonces me reñía en broma, me metía la mano por debajo de la camiseta y empezaba con unas cosquillas que enseguida se convertían en una exploración por debajo del botón del pantalón, hasta que me metía los dedos en el calzoncillo.

No siempre era tan directo, pero esa tarde no había demasiado tiempo. Empezó a frotarme entre las piernas mientras yo leía en voz alta la redacción y me removía en la silla, intentando separarme de él. Entonces me ordenó que leyera en voz baja.

—Repásala mejor tú, a ver qué errores encuentras en la primera parte —dijo. Callé e intenté concentrarme en el texto mientras él seguía frotándome el pene, cogiéndolo entre los dedos e intentando —ahora lo sé— masturbarme, aunque sin éxito. Me hacía daño y él ya no disimulaba. Mientras me manipulaba con la mano se iba frotando contra mí desde debajo, al principio despacio. Yo no leía. Solo intentaba moverme para separarme de él, agarrándole la muñeca, pero a él eso parecía excitarlo más y me frotaba más fuerte. Poco antes se había metido la mano derecha en el bolsillo y la movía rítmicamente, como si jugara con unas llaves.

Hasta esa tarde, durante los meses anteriores al verano, las veces que el Hermano había abusado de mí en su coche cuando me llevaba a casa yo siempre había intentado zafarme de él. En cuanto aparecía su mano entre los asientos delanteros y empezaban las «cosquillas», me removía sobre el asiento trasero, encogiéndome contra el respaldo e intentando sacarme su mano del calzoncillo, pero él enseguida se ponía nervioso y se enfadaba, y terminaba dándome un manotazo para que lo dejara moverse tranquilo. Al principio, mientras eso duraba, yo cerraba los ojos y rezaba como lo hacía al acostarme, antes de dormirme: un padrenuestro, un avemaría y un ángel de la guarda. Tres veces seguidas. Rezar seguro que servía. En el colegio eso era lo que nos enseñaban. «Si temes, reza», decían. Y yo cerraba los ojos y, mientras intentaba que la mano no llegara, repetía oraciones sin parar, convencido de que al llegar a un tope todavía por descubrir el Hermano dejaría de hurgar en mis calzoncillos y en su bolsillo y todo volvería a estar bien.

Sin embargo, cuando entendí que rezar no servía, dejé de hacerlo. La mayoría de las veces, mientras el coche avanzaba por la carretera de la costa hacia mi casa, perdía la vista en la ventanilla —normalmente iba tumbado en el asiento, con la cabeza contra la puerta— y contaba los postes del tren, cuya vía corría entre la carretera y el mar. Decidí que si conseguía no descontarme hasta llegar a Vilassar —ese era el nombre de mi pueblo— habría premio y, de un modo u otro, la tortura pararía. Necesitaba algo mágico, mi mente de niño entendía que solo la magia podía poner freno a aquello. No obstante, tampoco la magia llegó. No conseguí jamás llegar a casa sin descontarme, porque a veces la mano intentaba meterme un dedo en el ano y yo me revolvía un poco más, y entonces la mano hurgaba con fuerza y se cerraba sobre mis testículos como una garra, tirando hacia él, enfadado.

Me hacía daño. Yo perdía la cuenta de los postes del tren. Volvía a empezar.

Terminé aceptando que, mientras siguiera poniéndome enfermo en el colegio y fuera el Hermano quien me llevara a casa a mediodía, no había nada que yo pudiera hacer para escapar de la mano durante esos viajes en coche. Me rendí. A partir de entonces perdía la mirada en la ventanilla y, presente pero ajeno, pensaba en cosas que no estaban allí mientras el mar y el cielo se encontraban en mitad del cristal.

Quizá porque sabía ya que nada podía con el Hermano cuando me tenía a su disposición, esa primera tarde en su cuarto fue poco lo que me resistí. Seguí intentando separarme de su cuerpo hasta que de pronto me rodeó el pecho con el brazo izquierdo y me apretó contra él, inmovilizándome, mientras sentía su miembro duro debajo, frotándose contra mí. No sé qué ocurrió en ese instante y no creo que lo descubra ya, pero sí recuerdo que cerré los ojos y pensé en mi madre esperándome en casa, preguntándose por qué no llegaba, porque a lo mejor el Hermano no se había acordado de avisarla de que yo iba a quedarme castigado en permanencias, y sentí una pena enorme al imaginarla en el salón, llamando por teléfono a papá, o a la abuela, angustiada porque creería que me había ocurrido algo terrible, y pensé también en mis hermanas y en lo que dirían si algún día se enteraban de lo que yo hacía con el Hermano a veces, esa cosa que era sucia y que debía de ser muy grave, porque él siempre me decía: «¿Te das cuenta de lo que me haces hacer? ¿Lo ves?», y se le torcía la boca mientras negaba con la cabeza y me apartaba de su lado como si oliera mal. En ese momento, sentado sobre sus rodillas con los ojos cerrados, caí en la cuenta de que, si realmente nadie había avisado a mamá de mi castigo, tendría que inventar algo para justificar mi retraso.

Mentir, tendría que mentir.

¿Qué podía haber estado haciendo para llegar a casa una hora más tarde de lo normal? ¿Cómo llenar ese tiempo de algo que alejara su atención de la verdad?

Si mamá llegaba a enterarse de lo que yo hacía con el Hermano —peor aún, de lo que *le* hacía hacer *al* Hermano—, si sabía cómo era yo en realidad, nunca me perdonaría. Mamá dejaría de quererme, de eso estaba convencido, y sin ella en el mundo no me quedaba nadie.

Tenía que mentir. Como fuera. Y confiar en que el Hermano no dijera a nadie que yo le hacía hacer eso, esa cosa tan… tan horrible, al menos hasta que consiguiera saber qué era lo que yo hacía para que aquel hombre que me había protegido desde que yo había llegado al colegio, aquel Hermano tan querido por todos y a quien papá y mamá estaban tan agradecidos por cuidar de mí como lo hacía, a veces se pusiera así e hiciera eso, casi enfermando por mi culpa.

Mentir. Ya no bastaba con callar. Había que llenar una hora entera de ausencia —que a mis ocho años se me antojaba una eternidad— con un relato inventado que mamá no pudiera poner en duda. Distraerla, eso era.

Convencerla.

Y eso fue lo que hice mientras el Hermano se masturbaba

pegado a mí, respirando pesadamente contra mi cabeza e inmovilizándome con fuerza contra la lana rasposa de su jersey marrón: cerré los ojos e inventé una historia para ella, cuanto más alejada de la verdad, mejor. Le contaría no solo lo que no era, sino lo que probablemente nunca sería. No solo ocultaría lo incontable. Aprovecharía la ocasión para mejorar mi vida y darle de paso un respiro de mí.

Durante ese rato, ya ajeno al Hermano y a lo que ocurría en su cuarto, como si mi cuerpo hubiera quedado extrañamente deshabitado de mí, hilé un relato que todavía hoy soy capaz de reconstruir. Recuerdo también que, cuando el Hermano por fin eyaculó y me soltó, caí hacia delante sobre la mesa y él me riñó porque se había manchado el pantalón y también por haber desaprovechado la hora de repaso haciéndome hacer «esto», dijo.

Pero yo tenía mi historia.

Y mi historia era un hallazgo. No solamente tenía un relato con el que justificar mi retraso, sino que además era un Alejandro distinto el que vivía en él. Yo era otro, otro niño. Podía ser mejor.

Funcionó, lo más increíble es que funcionó. Cuando llegué a casa y vi a mamá —estaba doblando un montón de ropa en el sofá acompañada de la radio, entre preocupada y extrañada—, entendí que nadie del colegio la había avisado. Fuera ya estaba oscuro y vi mi merienda encima de la mesa del comedor.

—Es que me he quedado jugando —me apresuré a decir, antes de dejarla hablar.

Ella siguió mirándome, ahora sí sorprendida. Yo nunca jugaba con los pocos niños de mi clase que vivían en el pueblo.

Es más, normalmente los rehuía, evitando los lugares donde sabía que podía encontrarme con ellos. No era solo que me dieran miedo, porque con ellos tenía que ocultar lo de las muñecas y mi afeminamiento más que evidente, sino que además nosotros éramos en el pueblo unos recién llegados —nos habíamos mudado a Vilassar desde Barcelona cuando yo tenía seis años, es decir, hacía poco más de dos— y allí todos se conocían, o al menos eso era lo que nos parecía a nosotros. Nos costaba sentirnos bienvenidos, especialmente a mamá y a mí, cosa que sacaba de quicio a papá. Mamá sonrió, desconcertada con la noticia.

—¿Ah, sí?

Asentí. Ella esperó a saber más.

Le conté que, al bajar del autobús, Roberto y Juan Ángel, dos niños de la clase de quinto B que vivían cerca de casa, habían dejado que caminara con ellos desde la parada y que, como los padres de Roberto no llegaban a casa hasta más tarde, los martes y los jueves se iba a la biblioteca a hacer los deberes. De camino, me había contado que en la biblioteca podías leer gratis todo lo que quisieras, aunque no había mucha cosa para niños, pero algo sí, y como nos venía de paso había entrado con él y con Juan Ángel. Mientras Roberto hacía los deberes sentado a unas mesas blancas que había en una sala muy pequeña, habíamos cogido el rompecabezas de un castillo que había en la estantería y ellos no sabían mucho de eso, pero como a tía Juanita los rompecabezas le gustaban tanto y siempre que íbamos a su casa me ponía a hacer ese tan grande de las señoras raras del cuadro famoso que eran como robots de cartón azul con ojos, pues enseguida empecé a encontrar las piezas que encajaban y se nos fue el tiempo volando y lo habíamos pasado tan bien... y además me habían dicho que podía volver a jugar a la biblioteca con ellos, o a lo mejor algún día también íbamos a merendar a casa de Roberto y a bañarnos en la piscina.

Mamá se quedó mirándome con la sábana que tenía entre las manos colgando sobre el sofá. En la radio sonaba la música de las noticias y yo estaba tan nervioso y me daba tanto miedo que no me creyera que sentí que estaba a punto de hacerme pipí encima.

Y entonces lo vi. Vi que estaba feliz, que sonreía y me miraba como si ya no se acordara de mi retraso y algo importante, grande, hubiese cambiado de repente en su mirada. Como si yo no hubiera podido darle una noticia mejor que aquella.

—Ay, qué bien —dijo, dejando la sábana sobre el montón de ropa y apartándolo a un lado—. Ven, coge el bocadillo y siéntate aquí conmigo mientras yo doblo la ropa y me cuentas, ¿vale? Quiero saberlo todo.

Le conté exactamente lo mismo que acababa de compartir con ella, simplemente me limité a repetirlo y a añadir algún que otro detalle. No hizo falta mucho más. Mamá estaba tan contenta compartiendo mi entusiasmo con la inesperada aparición de Roberto y Juan Ángel en escena que no necesitaba más.

No me costó entender que si la había convencido con mi relato era en gran medida porque durante el rato que había estado sobre las rodillas del Hermano, inventando mi historia para no sufrir el presente con él, la había vivido. Y cuando digo que la había vivido, me refiero a que durante esa larga media hora que había pasado en su habitación había conseguido estar allí, en la biblioteca, sentado a la mesa con Roberto y con Juan Ángel, intentando resolver el rompecabezas y encajando mi imagen junto a la de ellos. Había inventado una escena y había entrado en ella desde fuera, habitándola.

Ver a mi madre como la vi, tan aliviada y feliz por mí, me abrió las puertas a un mundo nuevo que solo yo controlaba y que podía construir a mi medida y también a la suya. A partir de entonces, cada vez que el Hermano me acorralaba y abusaba de mí, yo intentaba no estar allí. Cerraba los ojos y entraba por esa nueva ventana a un mundo distinto en el que podía construir una realidad en la que él no aparecía. No estaba él, no estaba el colegio, no estaba lo oscuro. Cada abuso se convirtió en una pequeña historia que yo le contaba a mi madre sobre lo que había hecho durante esa hora no registrada en ningún calendario. El Alejandro que le regalaba al volver del colegio jugaba con Roberto y Juan Ángel en el espigón, merendaba en casa de uno de los dos, hacíamos los deberes juntos o compartíamos la lectura de mis novelas de *Los Cinco*.

A mamá le encantaba escucharme. Sobre todo, le tranquilizaba oírme.

Aprendí a contar y a construir historias para que mi madre no supiera lo que esa hora escondía. Temía tanto que sufriera si alguna vez llegaba a saber la verdad que me apresuré a afinar la imaginación y creé para ella un retrato nuevo de mí. Si ella no sufría, yo sufría menos. Verla así, emocionada y cómplice conmigo en mi nueva faceta de niño capaz de hacer amigos, me daba la vida.

Y así fue como mi madre se convirtió, sin saberlo, en mi primera lectora. A los ocho años aprendí a contar a ciegas. Siempre era así: cerraba los ojos y delante de mí, como si de repente me hubiera trasladado a un cine vacío y oscuro, aparecía una pantalla en blanco en la que yo entraba con ella de la mano. Y allí, al otro lado de lo real, yo vivía en esa burbuja de seguridad que compartía con su mirada. Juntos, huía de la mano del hermano L. y me agarraba de la de mamá para inventar una aventura nueva cada tarde.

Mucho tiempo después, cuando mi novela *Una madre* se convirtió en trilogía y llegaron los premios y el reconocimiento, entendí que mi forma de escribir —con los ojos cerrados, como si estuviera en una sala a oscuras y lo que viera fueran imágenes concatenadas en una gran pantalla que yo me limito a transcribir— nació allí, huyendo del horror y de la infancia. Por eso hasta que mi madre se marchó, hace ahora poco más de un año, siempre escribía para ella. Ella era mi lectora imaginaria. La imaginaba sentada en el sofá, joven todavía, con su montón de ropa por doblar, el cigarrillo en el cenicero y la radio en la mesa de centro, concentrada en lo que yo contaba para que nuestro mundo no se derrumbara bajo el peso de la verdad que nadie debía conocer. Y por eso ahora que no la tengo me he quedado no solo huérfano de ella, sino también de su mirada. Cuando pongo los dedos en el teclado y me enfrento a una obra nueva, ya no cierro los ojos.

Escribir sin su compañía al otro lado de la pantalla, esperando mi voz, es demasiado triste. Demasiada orfandad. Lo que siento ahora cuando escribo estas páginas y al cerrar los ojos veo esa sala de cine vacía es tan desolador como lo que sentí la primera vez que entendí que aquel hombre que desde mi llegada al colegio me había adoptado como sombra protectora, ahuyentando todo lo malo y convirtiéndose casi en una extensión de mi madre en su ausencia, era una máquina de hacer daño. Ese religioso bonachón, cariñoso, siempre dispuesto a ayudar y tan querido por todos —padres y alumnos— en el que yo había encontrado un mago era, cuando nos quedábamos a solas, una trampa que solo yo veía, porque nunca había testigos. La intimidad era su trinchera, ese cuadrilátero en el que aparecía una cara distinta de él: violenta, física, bestial.

«¿Ves lo que me haces hacer?», repetía cuando terminaba. Y eso era lo peor. Yo tenía la culpa. Yo era el sucio. Y tenía sentido, lo tenía porque él no era así a la vista del mundo, él era un hombre bueno que protegía a quienes más lo necesitábamos, todos en el colegio lo creían. ¿Quién iba a dar crédito a una versión distinta de un niño de ocho años? ¿Quién iba a escucharme? No tardé en convencerme de que era yo quien sacaba de él esa otra cara, que algo en mí provocaba esa violencia y que lo mejor era que nadie lo supiera, porque en cuanto el mundo se enterara pagaría por ello.

Una de las preguntas que más me han hecho desde que conté públicamente lo que ocurrió con él es si no se lo dije a nadie. «¿Y nunca lo comentaste con nadie?» «¿Ni siquiera con algún amigo o con tus hermanas?» Esa es, ahora lo sé, una de las primeras preguntas que recibimos quienes hemos sido niños y niñas abusados en el pasado. Y es terrible, porque una vez más cuestiona nuestro comportamiento y, por ende, la veracidad del relato. En nuestros oídos, las preguntas suenan así: «Y si tanto sufrías, ¿no te parece raro haberte callado?», «A lo mejor es que tampoco era para tanto y estás exagerando porque la memoria todo lo magnifica, ¿no crees?», «¿No te parece que quizá actuaste mal?». Esa es la lectura que nosotros hacemos. Cuidado, porque ese cuestionamiento duele, duele mucho. Cuando llega nos reduce de nuevo a niños y niñas desorientados que no entienden cómo alguien que se ha ganado tu confianza y tu amor infantil de pronto te traiciona y hace uso de esa confianza para romperte por dentro. Ningún niño entiende eso. Los niños no saben de dobleces, todavía no han aprendido que el ser humano es un abanico de personalidades que no siempre casan, no entienden que se pueda querer poco o mucho, confiar poco o mucho. Los niños quieren o no, confían o no, son o no.

La respuesta a esas preguntas, ahora lo sé, existe, y tiene sentido. No es tan solo que yo no le contara a nadie lo que vivía con el Hermano, eso es lo de menos. Siendo yo el culpable de que él se transformara en aquello que solo yo veía, mi gran angustia y preocupación era que él pudiese contárselo a alguien y delatarme. Yo sufría a diario pensando en el momento en que él se cansara de vivir esos episodios conmigo y hablase, exponiéndome ante toda esa comunidad que tanto lo quería, incluidos mis padres. Me aterraba la posibilidad de que dejara de usarme, porque eso significaba que contaría a mis padres lo que yo le hacía, y aunque no sabía exactamente qué era lo que hacíamos, mi intuición me decía que era algo terrible y prohibido. Imperdonable.

Los niños no contamos el abuso porque la mayoría de las veces contarlo significa delatarnos. Es más, hacemos lo imposible para mantenerlo oculto. Intuimos que al contar —sobre todo si el abusador es un miembro de la familia— estaremos provocando un terremoto de consecuencias catastróficas, no imaginables a esa edad. ¿Cómo decirle a tu madre que es su hermano el que abusa de ti? ¿O el abuelo? ¿O el primo adolescente con el que te dejan jugando en la piscina mientras los mayores toman el aperitivo en el porche, convencidos de que «los niños» están tranquilos y a buen recaudo? Hablar, y eso lo sabe el niño o la niña, es acusar a alguien tan querido como lo eres tú y, en tu debilidad, arriesgarte a un careo con tu agresor en el que habitualmente llevas las de perder. Ninguna familia ve con buenos ojos acusaciones de ese calibre en su seno. Esa suciedad no puede existir. «En esta familia no. Eso no.»

Desde que hice público mi caso, he recibido y sigo recibiendo una inagotable cantidad de correos, mensajes y cartas de hombres y mujeres que en su día se atrevieron a dar el paso y denunciaron los abusos de un familiar ante sus padres —en el caso de las mujeres, son mayoría las que confesaron a su madre haber sido abusadas por su propio padre—, para ser luego repudiados por la familia. No quisieron creerlos. Algunos de quienes sí lo hicieron les pidieron —les ordenaron— que callaran «por el bien de la familia», aunque el agresor se hubiera convertido ya en abuelo y tuviese a menudo a algún nieto o nieta a su cargo.

En el noventa por ciento de los casos, antes o después la víctima acaba por distanciarse de la familia, eso si no ha sido de algún modo alejada por ella en un intento por evitar una relación incómoda que pueda contagiarse al grueso del cuerpo familiar. El niño o la niña abusados terminan siendo de mayores «desterrados» porque, ante el peligro del derrumbe, se opta por sacrificar a un miembro y así mantener la unidad del grupo, aun a costa de conservar en él al miembro culpable y silenciado. El peligro sigue así activo para los más pequeños. El abusador, convertido ya en abuelo, en tío abuelo o en padrino, puede seguir actuando, ahora —y eso es lo imperdonable— sin que nadie dude de su falsa inocencia.

Así perdura el abuso, amparado por la alargada sombra del silencio familiar.

En mi caso, mentiría si dijese que no hubo silencio. Lo hubo, pero el abusador no estaba entre nosotros y fue un silencio distinto. Después de un año de acoso, abusos y agresiones en el que yo siempre intenté callar para protegerme y para que mi madre no me rechazara —estaba convencido de que, en cuanto ella se enterara, su decepción sería tan enorme que no solo dejaría de quererme, sino que no impediría que mi padre me echara de casa y me mandasen a algún colegio interno para desembarazarse de mí—, un día hablé. ¿Por qué ese día y no otro? ¿Qué ocurrió para que por fin me atreviera a desobedecer y no acudiera a mi cita con el Hermano en su habitación? ¿Cuál fue el detonante?

No tengo la respuesta. No la tenemos quienes llegamos a ese momento en el que decidimos que ya no más. Cuántas mujeres maltratadas deciden un día que no pueden seguir viviendo así, malviviendo a golpes, desviviéndose por ocultar lo que no tiene solución. A veces basta con un gesto, con una mirada cruzada con otra mujer en la sala de espera del dentista. Son cosas que no se explican. En ocasiones es el cuerpo el que se activa sin preguntar y decide que ya no más, que quiere vivir y que para eso tiene que cambiar el rumbo y moverse en una dirección distinta, tiene que salvarnos.

No nos pregunten qué pasó. No nos hagan eso. La mayoría no lo sabemos. Tanta era la angustia y el agotamiento en nuestro cuerpo de niño que solo la intervención de un instinto de supervivencia fuera de lo común puede explicar lo que nos arrancó del borde del barranco. Yo recuerdo esa tarde. Recuerdo la luz y también que la tierra estaba llena de charcos y la sal del mar impregnaba el aire desde las olas que estallaban contra el espigón, al otro lado del muro del colegio que lindaba con la carretera.

Mientras, como tantas otras veces antes, esperaba aterrado a que sonara el timbre para salir, poco podía imaginar que esa tarde mi suerte estaba a punto de cambiar. En el piso de arriba el Hermano debía de estar ya esperándome. En casa, mamá seguramente estaría preparando la merienda en la cocina, atenta a no perderse las noticias de las cinco. Recuerdo el timbre y también que me quedé el último en clase, esperando a que salieran todos para que nadie me viera subir por las escaleras que llevaban a la segunda planta, porque teníamos prohibido el acceso a los pisos superiores, a no ser que subiéramos con un adulto o atendiendo a la orden expresa de algún hermano.

A partir del momento en que pisé el pasillo y me acerqué despacio a las escaleras, todo lo que ocurrió se desplegó ante mí como si en la pantalla gigante en la que me adentraba cuando el Hermano me sentaba sobre sus rodillas y yo cerraba los ojos para no estar hubiera aparecido una enorme veleta que de golpe hubiese girado sobre su base, apuntando en una dirección distinta. De todo lo que sucedió recuerdo algunas secuencias entrecortadas por mi respiración, y también que, cuanto más corría, más despacio parecía avanzar, como en una pesadilla.

Aún hoy esa pesadilla, la secuencia de imágenes de esa tarde, me visita en sueños.

A veces termina bien.

Otras me despierto llorando.

Todavía.

COLEGIO LA SALLE DE PREMIÀ
ES LA HORA.
SUBIR AL SEGUNDO PISO...
A LA HABITACIÓN DEL HERMANO...
NO PUEDO...
NO QUIERO...

¡ARF! ¡ARF!

XENET
¡ARF! ¡ARF!

VILASSAR DE MAR
¡QUÉ TEMPRANO LLEGAS! ¿NO TENÍAS PERMANENCIAS?
JANDRO, ¿PASA ALGO?
¿QUÉ PASA?

ES QUE EL HERMANO ME HACE COSAS.
¿QUÉ?

ES QUE, SI TE LO CUENTO, NO ME QUERRÁS MÁS.
CÓMO NO VOY A QUERERTE, HIJO. NO DIGAS ESO.
ES QUE YO LO SÉ. Y ENTONCES YA NO PODRÉ VIVIR AQUÍ, Y TODO ES CULPA MÍA.
TE PROMETO QUE NUNCA DEJARÉ DE QUERERTE, JANDRO. DA IGUAL LO QUE SEA.
¿QUÉ ES LO QUE TE HACE EL HERMANO, HIJO?
NO TE PREOCUPES, CARIÑO. NADIE TE VA A VOLVER A HACER DAÑO NUNCA MÁS. TE LO JURO.
EL HERMANO ME HACE... COSAS. Y ME HACE DAÑO. A VECES MUCHO.
ME HICE PIPÍ ENCIMA.

II

HABLA EL CUERPO

LO QUE NO SE TOCA

Una de las cosas que, al parecer, más sorprenden de mis entrevistas —me refiero a las que tienen relación con los abusos que sufrí de niño— es cuando reconozco que, a pesar de todo, me siento un privilegiado. En cuanto lo digo, se hace un silencio hueco e incómodo, como el que encapsula el aire de un avión cuando, en mitad de un vuelo transoceánico, el aparato desciende de golpe sus buenos cien pies en mitad de la noche. Lo veo brillar como un neón en la frente de quien pregunta.

Es así: me siento un privilegiado. A pesar de lo que viví y de todo lo que cargo conmigo desde entonces, he tenido una balsa sobre la que he podido flotar hasta aquí. A babor, la escritura, y cuando hablo de escribir no me refiero solo a crear con la palabra historias mediante las que construyo mundos a mi medida para huir de la vida y habitar en ellas. Me refiero a cambiar el mundo desde lo que sé que no quiero para nadie. Eso es un privilegio. Cuando oigo a colegas declarar con un punto de orgullo que a ellos la literatura no les ha salvado la vida, nadie imagina hasta qué punto los envidio. Envidio las vidas que transcurren por cauces benévolos desde la infancia, las vidas de quienes nunca han visto en la muerte la única salida, el único final posible. Envidio a quienes no han tenido que parar a descansar en la acera del tiempo porque un día caen en la cuenta de que ese agotamiento que los hunde cada vez más no es vida sino supervivencia.

Escribir, poder comunicarme con el exterior desde mi cuneta, me ha alejado del peligro incontables veces. Crear —en mi caso con la palabra, en el de otros con un pincel, una partitura, un violín, qué sé yo…— es a menudo, para esos niños que recibimos la tortura de quienes esperábamos la ayuda, invocar que alguien nos salve, que nos crean.

Escribe el adulto, pero es el niño el que pide que lo escuchen.

Si a babor de mi balsa está la escritura, a estribor tengo a mis hermanas, ahora dos mujeres en duelo que lloran como yo la muerte de mi madre, intentando encajarla en lo que somos sin ella. La mayor y la mediana. Ellas estuvieron desde el principio y, ahora que nuestra madre vive en el luto de cada uno, me acompañan en esta balsa de troncos viejos. Desde que hice público mi infierno infantil, he entendido —y no es casualidad que muchas de las víctimas que se acercan a mí terminen por confiarme que, emocionalmente, eso ha sido lo más duro— que si no hubiera tenido la familia que he tenido, y excluyo la figura de mi padre, yo no estaría aquí ahora, escribiendo esto. Gran parte del problema de la denuncia de abusos es la falta de una familia que apoye a la víctima en su relato, que refuerce no solo su verdad, sino al hermano, hija, hombre o mujer que decide exponer ante el mundo una herida que muchos, la inmensa mayoría, no quieren ver.

Las víctimas somos testigos de lo feo, esa memoria histórica no resuelta que tiene voz y que nadie, ni siquiera una legislación concebida para callarnos, puede obviar. No se nos quiere cerca porque, aunque parezca irreal, todavía hoy la naturaleza sexual del delito del que hemos sido víctimas avergüenza y provoca el rechazo en quienes están al otro lado de la barrera. Es un delito horrible, uno de los más espantosos, y oírlo y saberlo no gusta. No gustamos, las víctimas no somos bienvenidas. Incomoda y violenta oírnos hablar de los horrores que, a los cinco, diez o quince años, nos tocó vivir en manos de hombres y mujeres como los que ahora nos escuchan.

El día que decidí hablar, previne a mis hermanas. «¿Crees que estás preparado?», preguntaron. Les contesté que sí y ellas se mantuvieron firmes a mi lado: «Si tú lo estás, adelante. Nosotras contigo». Ahora sé que eso, ese apoyo, no es lo habitual. La víctima —y si eres víctima y has pasado por ello, estarás asintiendo al leerme— se enfrenta a esto sola, muchas veces sabiendo que sus familiares no quieren saber ni oír, avergonzados al verse expuestos ante la mirada no siempre amiga de sus respectivas comunidades. «¿Para qué remover esto ahora, después de tanto tiempo?», «¿Qué ganas con contar esas cosas si ese hombre está como está y ya no puede hacer daño a nadie?», «Es tu tío, hija. Es tu familia. ¿De verdad te merece la pena?».

La familia.

La tarde que pasé con mis hermanas delante de la chimenea, hablando y recordando cosas que nunca habíamos puesto antes en común, fue un bálsamo y también una prueba de fuego. Yo les había avanzado que tenía una verdad más, que todavía les faltaba algo por oír, y ellas esperaban a que hablara sentadas en el sofá. Me acordé entonces de mamá, de los ratos que, en estos últimos años, habíamos pasado solos los dos, cuando en verano nos tumbábamos en los bancos de piedra del jardín de la iglesia a última hora, mientras la brisa enfriaba las tardes, y hablábamos de nosotros. «¿Cómo te sientes?», empezaba yo. Sé que puede parecer una tontería, pero sé también que esa pregunta tan sencilla es una de las que casi nadie le hace a su madre. No les preguntamos eso, así, sin venir a cuento, solo para abrir la conversación. Quizá es que no es fácil, que estamos educados para que a una madre se le pregunten solo cosas sobre la vida, no sobre cómo la vive ella o cómo le afecta. Pero con la mía era fácil relacionarse así. La pregunta era el principio de lo que traía la tarde y su respuesta era siempre la misma: «Ahora bien». Tumbados los dos, viendo pasar los bancos de nubes sobre los cipreses, hablábamos como yo no he sabido hacerlo con nadie más. Y nos reíamos. Nos reíamos tanto... Yo la hacía reír y su risa me aliviaba. Nos gustábamos juntos, esa es la verdad. Y, sobre todo, y a pesar de que teníamos nuestras cosas, nos hacíamos bien porque juntos nos sentíamos libres.

Sin embargo, a pesar de la confianza y de la complicidad que compartíamos, nunca, ni una sola vez en los cuarenta y cuatro años que pasaron desde la tarde que me atreví a confesarle los abusos que estaba sufriendo hasta su muerte, volvió a mencionar al hermano L. ni al colegio. Si alguna vez aparecía en el telediario una noticia referente a alguna denuncia o detención relacionadas con abusos a niños, automáticamente se ponía a hablar de lo que fuese, viniera o no a cuento, o cambiaba de canal, o de repente tocaba comer, o merendar, cualquier cosa que fuera no estar allí, oyendo lo que no quería ni podía volver a revivir. Ni siquiera al final, cuando su memoria empezó a fallar y a veces confundía los vivos con los muertos y el pasado devoraba el presente a traición, el episodio de los abusos volvió a mencionarse. Siempre creí que mamá no había superado el sentimiento de culpa por no haber hecho más por mí cuando tocaba y que el tema era una herida no curada que no había que tocar. No obstante, ahora que ella ya no está, entiendo que me equivoqué: si mamá no hablaba no era por ella, sino por mí. Evitaba el tema porque rehuía mi dolor y seguía protegiéndome. Para ella, enfrentarse a esas noticias conmigo era volver a la tarde en la cocina de casa, solos los dos, escuchando lo que ninguna madre debería tener que escuchar nunca. No hay una sola madre en el mundo preparada para lo que a ella le tocó vivir durante esas horas conmigo. Recuerdo que, en el momento en que por fin logró que confiara en ella y le contase qué era lo que el Hermano me había estado haciendo, se acercó a mí y me abrazó. Fue entonces cuando noté que temblaba. Estaba tan crispada que sentí teclear sus dedos en mis costados como si vibraran, y me asusté, primero porque tuve miedo de que toda esa tensión fuera contra mí, que con lo que acababa de confesarle hubiese hecho realidad mi peor pesadilla, esto es, que mi madre dejara de quererme. El cuerpo de mamá vibraba pegado al mío y yo lloraba, pero no de alivio, sino porque creía que iba a castigarme. Sin embargo, en cuanto ella se retiró y me miró, entendí: temblaba por mí, no solo de pena, sino también de angustia. Me vi en sus ojos, vi cómo me miraba y la reconocí tan herida que, si hubiera podido dar marcha atrás en el tiempo, habría retirado todo lo dicho, todo lo confesado en aquella cocina siendo un niño para no continuar viendo el espanto que mi confesión había roto en su mirada. Nunca volví a ver ese color en los ojos de mi madre. Aunque en aquel entonces yo no podía saberlo, mucho después, el día que ella murió, mis ojos cambiaron de color —del verde a un gris líquido— durante veinticuatro horas. Lo habían hecho ya un par de años antes, cuando había tenido que sacrificar a mi perro, pero en ese momento creí que era un espejismo, una percepción que seguramente yo debía de haber imaginado. Me equivoqué. La mañana que murió mi madre, mientras esperábamos a que viniera el médico para certificar su muerte, me acordé de pronto de esa escena que habíamos vivido juntos en la cocina la tarde de mi confesión y también de sus ojos, y comprendí que una parte de ella se había quedado varada allí, entre la puerta y el pasillo de casa, abrazada a mí, quebrada desde dentro al verme así, roto también el niño que yo había dejado de ser.

Me equivoqué con ella y me equivoqué conmigo. Mamá silenció el episodio de los abusos para protegerme del recuerdo. No lo hizo por ella sino por mí, y, ahora que lo sé, me arrepiento de no haber hablado antes. Si lo hubiera hecho, ella habría entendido que también en eso podía estar y que yo no la culpaba, que lo único que quería era protegerla. El día que aparecí en los medios con mi confesión pública habría dado el brazo por tenerla junto a mí y verla por fin libre de todos los años de ese silencio feo con el que torpemente nos habíamos protegido el uno al otro, el hijo imaginando el dolor de la madre, la madre sufriendo aún por el del hijo. Lo daría ahora también por poder pasar media hora juntos y contárselo en directo, volver a tumbarnos en los bancos de la iglesia y decirle que ya pasó, que su abrazo me salvó la vida porque en ese momento, esa tarde, creí que la perdería en cuanto hablara y ella me enseñó que siempre me quedaría alguien con quien perderme, dijera lo que dijese.

Familia. El impacto del abuso en el niño es el de una piedra sobre la superficie mansa de un lago. Está el contacto primero y directo del objeto al quebrar la lisura del agua y esa es la gran herida, pero no la única. A partir de ella se expande el daño a todo aquello que rodea al niño: la familia, la relación con el entorno, con los demás niños, con los adultos, con la verdad, con la mentira, con la confianza, con el propio cuerpo, con el cuerpo ajeno, con la masculinidad, con el sexo propio y el contrario... La lista es infinita y compleja, tanto como lo es el mundo infantil. Las ondas del impacto se alargan en el medio físico del menor, pero no solo en el suyo, sino también en el de quienes lo rodean. Si el abuso es intrafamiliar —obra de un miembro de la familia que tiene acceso directo al menor— entramos en una burbuja distinta, porque el descubrimiento de ese abuso provoca terremotos familiares irreparables que, de nuevo, revierten en el menor. Ninguna familia vuelve a ser la misma cuando hay un abuso en el ADN común. Sin embargo, más allá de eso, lo que rara vez se contempla es el factor tiempo. Las ondas de la piedra sobre el lago siguen viajando invisibles en el agua, embruteciéndolo todo y creando una mancha continua que nunca se va. Sé que, para quien no haya vivido el abuso, cuesta imaginar la dimensión de esa mancha, cuesta creer que algo que ocurrió hace tanto tiempo no se desprenda, no se borre.

He aquí un ejemplo que ayudará a entender.

La noche en que aparecí en los medios, después de un día eterno —si no recuerdo mal, di la última entrevista a las 23.40, en directo—, empecé a sentir una molestia en el hombro izquierdo al acostarme. Fue algo muy leve, apenas unos pinchazos. Durante los días siguientes, las molestias persistieron. Aparecían y desaparecían sin explicación y se hacían más notorias durante la noche. Fueron semanas muy intensas: muchas entrevistas, mucho viaje, negociaciones entre partidos para la propuesta de una comisión de investigación de la pederastia en el Congreso... Pasaron tantas cosas esos días que sé que en algún momento tendré que volver a analizarlos con calma para entender, para procesar. Una de ellas fue que el dolor en el hombro izquierdo empezó a ir a más y tocó visitar a mi fisioterapeuta. Ecografía. El primer diagnóstico fue una tendinitis. Tal y como yo lo entendí, el tendón que entra desde el brazo a la clavícula estaba inflamado y no entraba por el hueco que deja el hombro para que lo haga. Algo así. Tratamiento. Después de varias semanas, el dolor no remitía, no había cambios. Tocó visitar al traumatólogo y hacerme una resonancia. No me alargaré. El diagnóstico final, después de una serie de pruebas adicionales, tiene un nombre que yo no había oído hasta ahora: «hombro congelado» u «hombro de diabético».

—No se conoce la causa exacta —me confesó el fisio—. Se llama así porque la cápsula que cubre el hombro se comprime de pronto y no permite la rotación.

Cuando quise saber más, supe que, «afortunadamente», siempre se produce en el brazo no predominante y que el proceso de curación, que pasa por tres fases cuyos nombres suenan más a algo relacionado con la mecánica de un coche que con un problema humano —congelamiento, congelado y descongelado—, puede durar unos tres años.

Y supe también que el origen es emocional.

—En el noventa y nueve por ciento de los casos que he tratado es así —me contó el fisio—. Es la respuesta del cuerpo a un estrés congelado en el tiempo, a veces mucho, que de repente reaparece. ¿Que por qué el hombro y no otro miembro? No lo sabemos. El cuerpo de cada uno se manifiesta como puede.

Tres años. El hombro. El izquierdo.

Esa noche, mientras no llegaba el sueño, dándole vueltas a la información que me había facilitado el fisio e intentando acomodar el brazo sobre un par de almohadones, me giré sin pensarlo de costado sobre el hombro dañado y un latigazo de dolor me subió por el cuello hasta la cabeza. Abrí los ojos y en ese instante, al verme reflejado en el cristal oscuro de la ventana, lo supe.

Me acordé.

La noche de verano que pasé encerrado en la enfermería de la casa de colonias, sufriendo las visitas del Hermano de madrugada, permanecí tumbado de lado con las manos atadas en aquella cama sobre el costado izquierdo. Durante todas esas horas hubo una molestia, un dolor sordo, que marcó el tono de las distintas escenas que ocurrieron allí: fue el hombro, el izquierdo, sobre el que caía mi peso y también el del Hermano cuando se acostaba detrás de mí y me aplastaba contra el colchón con su abrazo. El hombro, y ese diapasón de daño inmovilizado, contó las horas, con sus minutos y segundos, hasta la llegada del amanecer, y siguió dolorido hasta que días más tarde mis padres decidieron, en el curso de su visita a la casa, llevarme de vuelta con ellos para que me viera un oculista. Qué lejos estaban de imaginar, mientras se despedían cariñosamente del hermano L. antes de subir al coche, que el Alejandro que volvía con ellos poco tenía que ver con el niño del que se habían despedido junto al autobús del colegio apenas una semana antes.

El hombro.

Cuarenta y cuatro años después.

El cuerpo es como los niños: habla, habla siempre, sobre todo cuando no habla. El de los hombres y mujeres que fuimos niños y niñas abusados mantiene ese diálogo abierto y subterráneo con los episodios que vivimos en la infancia, asaltándonos cuando parece que ya no, que la superficie del lago está por fin libre de las ondas que dibujó en ella la primera piedra. Parte de nuestro cuerpo se quedó allí y nos reclama porque no entiende el daño, no lo quiere.

Tantas veces me han preguntado durante estos meses si le guardo rencor al hombre que me rompió la infancia... y son tantos quienes parecen haberse sorprendido con mi respuesta. No, no le guardo rencor, esa es la verdad. Quizá porque mi mirada está todavía puesta solamente en mí, en lo que fue de mí, atenta aún a salvar los restos de ese naufragio que me ayuden a ser un yo mejor, más sólido, más honesto. De momento, me preocupa el niño y lo que conservo de él en mí. No hay sitio en el hombre que soy ahora para dedicarlo al verdugo y tampoco a aquellos que lo encubrieron. Eso debería ser labor de quienes hacen y aplican las leyes. Cuidar de la víctima, mantener al niño a flote en el lago, requiere de toda mi energía. Pero quiero ser sincero, y debo confesar que si hay algo que no podré perdonar ni perdonaré nunca al Hermano ni al colegio que me amputó la infancia es el daño que le hicieron a mi madre. El mío he podido trabajarlo, vivirlo y filtrarlo como buenamente he sabido, y sigo en ello, supongo que hasta mi último día aquí. El de mi madre no tiene perdón.

Ni olvido.

Y no, no es rencor. Es esta orfandad que yo no sé encajar en quien soy ahora, porque reviviendo todo lo que ocurrió entonces me ha faltado y me falta ella a mi lado. El Alejandro niño la necesita con él, ahora más que nunca, porque sin esa mirada no sé en quién confiar para no perderme. Necesito volver a tocarla ahora que la verdad es pública, aunque tiemble cuando me abrace, y decirle que no fue culpa suya, que me perdone por no haber hablado antes.

Esta orfandad me mata.

ESCRITO EN EL CUERPO

Todo empezó antes.

Antes de que el Hermano apareciera hubo un principio que, aunque en aquellos días yo no podía imaginarlo, allanaría el camino que me arrastraría hasta él. Hablo del acoso escolar —yo prefiero hablar de «acoso infantil»—, ese rechazo diario e incombustible que, como me ocurrió a mí, hoy en día siguen viviendo tantos niños y niñas entre nosotros: el terror silenciado al insulto, al desprecio y a ser expulsado del grupo sin posibilidad de reparación. En mi caso, ese fue el inicio de todo. El Hermano tardaría todavía en caer sobre mí, atento desde un principio a mi perfil de frágil niño diana, necesitado de una figura que me ayudara a no ahogarme por completo.

No es infrecuente que los niños y las niñas acosados en la escuela hayan sido además víctimas de abusos sexuales. Sé de lo que hablo. Desafortunadamente, lo hago por experiencia propia. En mi caso, fue a la edad de seis años, cuando me transfirieron a La Salle de Premià desde el colegio inglés en el que estudiaba con mis hermanas en Barcelona y todo mi mundo se contrajo. De la noche a la mañana dejamos la ciudad, el barrio y el grupo de vecinos con los que nos habíamos criado para aterrizar forzosamente en un pueblo que, a mis ojos de niño, quedaba a años luz de lo que había conocido hasta la fecha. Y, sobre todo, dejamos la floristería. La Pimpinela, así se llamaba. Estaba pegada a una iglesia, la de la parroquia de Santa Inés; tenía una puerta de madera con un enorme cristal ovalado en el centro y olía a humedad. Soy incapaz de recordar a mamá y a la abuela —su madre— antes de La Pimpinela. Las veo a las dos en la trastienda, preparando ramos en el mesón, y a mí sentado en un taburete detrás de ellas, con los pies colgando, oyéndolas hablar sin parar de papá, del abuelo, de dinero, de cómo organizar el reparto de los viernes, de cosas de adultos que a mí me daban sueño y que entendía a medias mientras mamá iba poniendo rosas sobre mi mesón para que les quitara las espinas a medida que ella montaba los ramos —«Con cuidado, así, tira hacia un lado. Y cuando termines te doy la esparraguera para que me vayas haciendo los pomos»—. Y la radio. Y la merienda. La Pimpinela era el coto privado de la abuela y de mamá, en el que nosotros aterrizábamos directamente del colegio. Estar a salvo, eso era La Pimpinela: mamá y la abuela para mí solo mientras la mediana y la mayor dejaban la cartera y salían a comprar la merienda a la pastelería del señor Juan, que era judío aunque nadie lo decía, y corrían después al parque a encontrarse con la pandilla. En aquel entonces era así. Los niños nos movíamos sin peligro por las cuatro calles que unían nuestra casa, la floristería, la pastelería y el parque. Nadie temía nada, y menos que nadie, nosotros.

Hasta que un día La Pimpinela cerró. No iba bien. La floristería había quedado varada en una apuesta fallida y una compra excesivamente optimista de flor artificial. Hubo una estafa, impagos, se intentó solucionar, pero el abuelo y papá no mostraron excesivo interés en tener a sus mujeres ocupadas fuera de casa y dejaron morir la empresa sin demasiado empeño. Al cabo de unos meses, los abuelos decidieron que estaban cansados de la ciudad y compraron un piso inmenso en Premià de Mar; poco después, el propietario de nuestro piso en Barcelona informó a papá de que teníamos que marcharnos porque lo necesitaba para su hija.

No hubo tiempo para mucho. El margen para que abandonáramos el piso fue muy escueto y, aconsejados y ayudados por los abuelos, papá y mamá decidieron no seguir alquilando y compraron un piso de nueva construcción en Vilassar, el pueblo contiguo al de ellos. Papá tenía en aquella época un alto cargo en una multinacional norteamericana de implantación informática y la distancia entre Vilassar y la ciudad no suponía un problema de desplazamiento diario para él. Rápido, el traslado fue rápido. Decisiones, mudanza, muebles nuevos, un pueblo pequeño en el que nosotros, los niños, nunca habíamos puesto los pies. No hubo muchas explicaciones, no se nos preguntó —«Vamos, niños, es por el bien de todos, ya lo veréis. Estaremos cerca de los abuelos. La vida en el pueblo os gustará. Tendréis que ir a colegios distintos: las niñas a las monjas y tú, Jandro, a La Salle, a Premià, pero enseguida os acostumbraréis, seguro que sí. Y estaremos en la playa. ¿A que os gusta mucho la playa?»—. Obedecimos sin ganas, conscientes de que algo tocaba a su fin, pero sin saber cómo despedirnos de ese primer trozo de vida que ya no volvería. El traslado fue un destierro que ninguno de los tres hermanos encajó bien: cerca de los abuelos, pero no con ellos; trasplantados a una manzana rodeada de calles todavía sin asfaltar en la que solo se levantaba nuestro edificio, prácticamente deshabitado al principio, sin tráfico ni tiendas a la vista. Y sin niños. Aunque tampoco para habituarnos al pueblo hubo tiempo. Nos mudamos en agosto y en septiembre empezamos cada uno en su nueva escuela.

Enseguida entendí, en aquel inmenso edificio antiguo de aulas llenas solo de niños —la ratio era de treinta y muchos alumnos por clase en aquella época—, pasillos interminables, cristales biselados y ese terror a los hermanos que lo impregnaba todo, que no había lugar para mí. Nada había en él que me recordara a la escuela de la que venía: un pequeño centro inglés, mixto y de ambiente familiar, en el que apenas éramos diez alumnos por clase y en el que nos llamábamos por el nombre, nunca por el apellido. El cambio trajo la oscuridad para los tres hermanos, pero quien peor lo asimiló fui yo, supongo que porque era demasiado pequeño para entender o porque tenía demasiado miedo a todo aquel paisaje nuevo en el que no había un solo referente amable. No estaba la pandilla, ni el señor Juan, ni el cine Apsi a la vuelta de casa los domingos. Fue un poco como si de la noche a la mañana todo hubiese perdido el color, como si hubiéramos entrado en uno de esos cuentos en los que los niños se pierden y dan con la lóbrega casona de la bruja donde nadie quiere a nadie porque todos esperan no ser la próxima víctima de la maga mala.

Desde mi primer día en La Salle fui el nuevo y fui también el que no encajaba. Rubio, tan blanco, tan tímido y afeminado, con una exigua tolerancia a la frustración, siempre atento a no fallar, a que no se me viera, a no estar… Y la angustia, la angustia siempre, esa mala respiración que me dejaba apenas sin voz cuando había que salir a la pizarra y todos aquellos ojos de niño reflejaban sin disimulo lo que yo era, o peor, lo que no sabía ser. Si las horas en clase eran pura tortura, lo más duro eran los recreos: nunca aparecía nadie con quien jugar en aquellos patios de dimensiones nada infantiles, no había niñas, nadie saltaba a la cuerda. Fútbol, baloncesto, más fútbol, canicas, hermanos vigilando, alguna pelea y un corro alrededor jaleando hasta que alguien gritaba: «¡Que viene el hermano!»... ¿Dónde estaban mis hermanas? ¿Por qué no podíamos seguir estudiando juntos? ¿Cómo contar en casa lo que era aquello si no podían verlo? ¿Por dónde empezar?

A media mañana, en cuanto sonaba el timbre y salíamos al patio, mi fragilidad quedaba tan expuesta que rápidamente comprendí que no bastaba con aprender a jugar solo, sino que más importante aún era fingir que estaba cómodo en mi cápsula, inventándome cosas que hacer en aquellos espacios enormes llenos de niños en los que nadie reparaba en mí. Vergüenza, me daba tanta vergüenza que algún hermano o algún maestro me viera y se diera cuenta de la realidad, de que nadie quería juntarse conmigo, que enseguida identifiqué los rincones menos visibles y transitados para instalarme a jugar en ellos. Aun así, a medida que fue avanzando el curso, empecé a intuir —y sobre todo a temer— que tarde o temprano alguien acabaría por fijarse en mí y, por lo que ya había podido ver con algún otro niño poco popular de la clase, cuando eso sucediera ocurriría lo que en el colegio anterior nunca había llegado a pasar porque tenía a mis hermanas para protegerme. Desde muy pequeño, ellas habían sido los dos escudos que me acorazaban contra lo que no éramos nosotros, siempre alerta, sabiendo sin saberlo que en cualquier momento el peligro estaba ahí, que lo que yo provocaba en los demás niños —y algunos padres— era una incomodidad que rápidamente se traducía en violencia.

Lloraba. Lloraba mucho. Todos los domingos, después de comer, la angustia se instalaba entre la siesta de mi padre, con su radio y su fútbol, y la anticipación de lo que acercaba el descuento de la tarde. El estómago se me cerraba y gruñía, y el cuerpo iniciaba su propio discurso: a veces era la fiebre, otras eran vómitos, náuseas o un dolor de garganta que ganaba en intensidad con el paso de las horas y que los lunes o martes terminaba conmigo en cama, flotando en fiebre y pus, hasta que, hartos de que estuviera constantemente enfermo, mis padres decidieron extirparme las anginas.

En esa época —hablo de principios de los setenta del siglo pasado— era poco o nada habitual oír vincular emociones y enfermedad. En este país al menos, la enfermedad y lo emocional eran mundos paralelos que rara vez se rozaban. Recuerdo que cuando mi madre, preocupada por mis constantes brotes de mala salud y por mis domingos de llanto, y aconsejada por una amiga chilena, decidió llevarme a una psicóloga, me advirtió que si alguien preguntaba lo mejor era que dijésemos que íbamos al oculista. «Es que los jueves tengo oculista», decía yo en clase cuando me tocaba salir antes y le presentaba al hermano el Libro Escolar donde mamá había dado su permiso firmado para mi salida. Afortunadamente, yo tenía un ojo gandul que había empezado a darme problemas, de modo que aquello nunca pareció extrañar a nadie. Supongo que ayudó también el hecho de que era muy poco común que alguien llevara a su hijo al psicólogo, sobre todo en un pueblo, por mucho que estuviera a solo veinte kilómetros de Barcelona. Entiendo ahora que lo más probable es que quien lo hacía tampoco lo dijera. Unos padres que recurrían a la ayuda de un psicólogo para que tratase a su hijo eran vistos, se dijera o no, como una pareja que no sabía valerse por sí misma para sacarlo adelante, o lo que es lo mismo, unos padres incapaces. Peor aún: el niño debía de estar muy mal, muy enfermo, y por tanto había que tener cuidado con él y evitarlo en lo posible. Tanto mamá como yo lo entendimos muy bien. En cuanto a papá, no recuerdo haberle oído mencionar mis sesiones con la psicóloga. Quizá fuese mamá quien, una vez más, hiciera de correa de transmisión con él. Lo que sí recuerdo es que era papá quien nos pasaba a buscar a la consulta al salir del trabajo. En el coche, de camino a casa, jamás oí un comentario sobre mí. En cualquier caso, esa primera terapia fue algo puntual, entiendo que para ayudarme en la adaptación a tantos cambios, y terminó con el curso. No la retomaría, ya de forma continuada o habitual, hasta tres o cuatro años más tarde, meses después de haber confesado los abusos.

En cuanto al acoso, empezó muy pronto, aunque en esos dos primeros años en el colegio no recuerdo haberlo vivido como algo real —o quizá debería decir «tangible»—. Cuarenta niños de seis años juntos en una clase, soportando jornadas eternas de nueve de la mañana a cinco de la tarde y respirando sin descanso una atmósfera de rigidez, control y miedo, necesitaban válvulas de escape inmediato, las que fueran. Entre ellas estaban, cómo no, los brotes de violencia o de crueldad más o menos explícitos contra los más débiles del grupo. No tardé en entender que el grueso de la clase se movía como lo hacen esas bandadas de estorninos que surcan el azul en primavera, convertidos en una masa ondulante, negra y compacta. El grupo decidía sin pensarlo la suerte de quienes, por el motivo que fuera, se desgajaban de él, y cuando los que quedábamos excluidos éramos oficialmente reconocidos por todos como «los que no son parte», nos convertíamos en el estigma que nadie quería a su lado, algo así como una unidad intensiva de enfermos contagiosos. En cuanto a mí, si la memoria no me traiciona, me uní en la desgracia a un niño que tenía graves problemas de aprendizaje y también una deformidad física (la cabeza visiblemente grande para su cuerpo) y a otro que tenía fama de sucio y con el que nadie quería sentarse porque olía mal, supuestamente porque se hacía sus necesidades encima y venía así de casa, como sus tres hermanos, que estudiaban en diferentes cursos. Por suerte —aunque es triste hablar así, lo hago regresando al Alejandro de seis años que intentaba sobrevivir a aquella barahúnda de códigos nuevos que no terminaba de entender—, ellos dos eran, en la lista de candidatos, un blanco más fácil e indefenso que yo. El acoso y el maltrato que sufrían continuó, sin que nadie le pusiera fin, hasta que muchos cursos después, ya con catorce años, dejamos el colegio. No recuerdo que ningún docente diera jamás la cara por ninguno de los dos, tampoco por mí. En su caso, sin embargo, ni siquiera llegaron a entender durante esa etapa que aquella no era la realidad que merecían. Durante los siete años que compartimos no vieron otra cosa, no conocieron otra cosa. Su papel en el grupo no dejó de ser el que siempre había sido. Recuerdo —y lo recuerdo ahora por primera vez— que uno de ellos fue convirtiéndose a medida que crecíamos en una parodia de sí mismo, ridiculizándose automáticamente cuando sabía que le tocaba recibir, transformado en lo que sabía que esperaban de él para que la burla, en la forma que esta adoptara, durase menos. Doliese menos.

La que vivíamos a diario en el colegio era una violencia tan normalizada por todos —padres, niños y maestros— que eras tú quien debías adaptarte a ella y buscar los medios necesarios para que el grupo dejara de fijar su atención en ti. Había que despistar, conseguir que el amarillo de la diana se desplazara de foco, retirarte a la sombra y desaparecer.

¿Cómo? ¿Cómo hacerlo sin la ayuda de mis hermanas? ¿Cómo negociar sin instrucciones? ¿Por dónde empezar? ¿En quién confiar?

Ofrecer otra presa a cambio, ese era el camino.

Me costó años entenderlo, demasiados, porque cuando por fin lo conseguí yo ya era un niño cansado. «Un niño viejo», decía Sole cuando la abuela venía a casa a vernos y hablaba con ella en la cocina, creyendo que no las oíamos. Sole era la señora que limpiaba en casa un par de veces a la semana y que, cuando tocaba, nos hacía también de canguro. Tenía razón. Aún hoy pienso a veces en mí así, me veo así, como alguien que envejeció de golpe, que el día que por fin me atreví a hablar lo que perdí fue la fe en que lo humano cambiara, como si al delatar al Hermano hubiera renunciado a la posibilidad de que las personas cambiasen por sí mismas. Perdí al niño y me di de bruces con un adulto que no estaba aún formado, habitando un limbo del que todavía no he sabido salir del todo.

Curiosamente, mucho tiempo después —debía de haber cumplido ya los veinticinco—, estuve a punto de quedarme sordo debido a una calcificación de uno de los huesos del oído medio. La afección me afectó a los dos oídos y llegué a perder casi un setenta por ciento de audición en ambos. Mi otorrino, un hombre sabio y paciente donde los haya que me conoce bien, me dijo un día, medio en broma, medio en serio, mientras intentaba convencerme de que me operara y de que la intervención no podía no salir bien, algo que no he olvidado y que en aquel momento tocó herida. Llevábamos un rato de tira y afloja sobre poner fecha a la intervención y yo, que a pesar de mi sordera estaba aterrado, también medio en broma, aunque más en serio, le decía que quizá era mejor dejarlo así, que ya había oído demasiado y que, a fin de cuentas, lo de quedarme en silencio no me parecía tan mala opción.

De repente él me miró muy serio.

—Yo no sé en qué momento oíste o viviste algo que te convirtió en este viejo de ochenta años que tengo enfrente, pero me encantaría poder llegar a verte con esa edad, porque será cuando tu cuerpo y tu corazón se encuentren y tus dos edades, la física y la emocional, casarán —dijo—. Ese día, si yo ya no estoy, acuérdate de mí, ¿vale? Daría lo que fuera por verlo y disfrutarlo contigo.

Me reí, pero en la estela de silencio que siguió volví a oír a Sole chismorreando con la abuela en la cocina y oí también su «niño viejo» intercalado entre frases.

Cuando un adulto te viola a los ocho años, quieres no ser niño nunca más.

Pero volvamos al colegio. No me fue fácil comprender que para tener paz en la escuela y esquivar la mirada amenazadora del grupo solo había un camino, o quizá no disponía de herramientas suficientes para saber leer otro: tenía que aprender a no ser yo y encontrar a alguien más débil, una víctima que ocupase mi lugar y a quien el grupo aceptara como un sustituto válido. No había otra opción. Debía ingeniármelas para ser uno de ellos, aunque supiera que estaba haciendo daño a un compañero y aunque la solución fuera temporal —eso lo supe después—, porque en cuanto la novedad dejaba de serlo tú volvías a aparecer en el banquillo de posibles sustituciones, siempre un candidato del que echar mano.

Seguramente, hoy ninguno de aquellos niños recordará la crueldad ni el maltrato que sufríamos los dos o tres compañeros que durante los años que estudiamos juntos —estuve en el colegio hasta los catorce— fuimos los *sparrings* físicos y emocionales de aquella trituradora de personalidades no afines. Nadie veía en esa época nada grave ni preocupante en la ridiculización y el acoso aplicado sistemáticamente a un compañero, ya fuera por una discapacidad de algún tipo, por su excesiva sensibilidad o por una hiperdotación manifiesta en algún área de conocimiento concreta. La diferencia, si apuntaba a algo que oliera a debilidad, o lo que es lo mismo, a «falta de masculinidad», no era bienvenida entre nosotros, los niños. Por su parte, los hermanos jugaban en otra liga. Nos castigaban por no cumplir con nuestras obligaciones en lo académico, por faltar al respeto a la autoridad o cuestionar una orden, pero las vejaciones, los insultos y el acoso entre nosotros no se entendían como algo que hubiera que vigilar. «Cosas de niños», era el diagnóstico más frecuente. Y esa expresión lo englobaba todo y a todos, desde los más pequeños hasta los mayores. «Cosas de niños» quería decir «cosas de futuros hombres», y eso se traducía a su vez en que la agresión, siempre que no fuese desmedida, era patrimonio nuestro, de lo que necesitábamos aprender para convertirnos en los hombres del mañana. Desde muy pequeños, en los colegios no mixtos se nos educaba intuitivamente para forjar patrones de masculinidad dominante. Lo que nos hacíamos entre nosotros habría sido impensable —e inaceptable incluso en aquel entonces— entre niños de ambos sexos. Ser solo niños —en un colegio no mixto— permitía poner en práctica cánones que desafortunadamente más adelante quizá se habrán repetido en las relaciones que generaciones y generaciones de niños educados en esas aulas habrán establecido con sus parejas o con miembros del otro sexo con los que se hayan relacionado. El débil resultaba penalizado porque no se atisbaba en él un patrón masculino digno y era el grupo quien le enseñaba a pelear o a rendirse.

Durante mis dos primeros años en el colegio, en mi carrera a contrarreloj por adaptarme a lo nuevo, no supe actuar a tiempo y el grupo, en una de sus batidas periódicas desde las alturas, me vio instalado en mi rincón, nuevo en el centro, sin nadie que respondiera por mi seguridad y, peor aún, con una gran facilidad para destacar en los estudios. Tardé quizá demasiado en caer en la cuenta de que no era bienvenido. Poco a poco empezó a darme tanta vergüenza ser como era que en cuanto pude intenté actuar de otra manera, imitando los modelos que veía a mi alrededor. El problema radicaba en que no sabía qué era lo que había que cambiar en mí para alejarme de la zona de peligro, qué era exactamente lo que estaba mal, cuál era mi error para poder corregirlo.

Confusión. Intentar entender el mecanismo del grupo era como si a diario tuviera que enfrentarme a un problema planteado en la pizarra —el mismo todas las mañanas— que yo no sabía resolver, pero para el que no contaba con la ayuda de nadie, porque reconocer que el problema estaba ahí equivalía a intentar convencer a los demás de que en la pizarra había algo que solo yo veía. ¿Qué nombre le pone a eso un niño de seis años cuando no dispone aún del lenguaje que le ayude a bucear en esa profundidad? ¿Cómo define lo que ocurre cuando toda su atención está puesta en la bandada de estorninos que lo sobrevuela, vigilando que no caigan sobre su rincón y lo engullan? Yo sabía cuál era el resultado de aquel problema, claro que lo sabía, pero no lograba entender qué operaciones eran necesarias para llegar hasta él.

El resultado decía que el problema era yo, yo era el causante y también la consecuencia, la culpa y la pena, pero no conseguía desentrañar qué parte de mí era el origen, dónde nacía y cómo crecía. A esa edad, no podía saber que aquello tenía un nombre.

Y, de nuevo, lo que no se nombra no existe.

De lunes a viernes, los días eran unidades independientes que avanzaban a cámara lenta, divididos entre las horas de tensión en el colegio y lo que quedaba de la tarde, cuando se abría la verja que nos separaba de la calle y, al llegar a casa, mi vida volvía a ser la de antes: la merienda con mamá, jugar en el descampado de enfrente con la mediana, los deberes en la tranquilidad del salón y, por supuesto, la lectura. Devoraba tebeos, cuentos, cualquier cosa escrita con una historia dentro que cayera en mis manos... Había empezado a leer muy pronto, excepcionalmente pronto, y mi micromundo de niño solitario había entendido que en los tebeos y en los libros habitaban voces y miradas que de algún modo sonaban familiares.

—¿Y el cole? ¿Cómo te ha ido hoy? —preguntaba mamá todas las tardes al verme aparecer.

—Bien. —La mentira era breve, sin adornos. A esa edad yo todavía no sabía elaborar un discurso en color. «Bien» era: «No preguntes», y era: «Es que no sé cómo contarlo», y era: «Tú quieres que yo esté bien y yo lo intento, te lo prometo, mamá». A fin de cuentas, cuando eres tan pequeño el tiempo y la distancia se miden desde un filtro distinto. Cuando mamá preguntaba, yo estaba ya de vuelta y la sensación, con ella en la cocina, era la misma que cuando jugábamos a pillar y tocabas «casa». El peligro quedaba atrás, el alivio del momento achicaba la angustia y mamá era casa, era estar a salvo y tener la tarde para nosotros. El colegio se diluía hasta la hora de acostarnos, parecía estar lejos.

Sabemos que hemos abandonado la infancia cuando perdemos la capacidad de vivir el presente como nuestra única realidad temporal. Esas tardes en casa y las vacaciones escolares fueron lo que quedó de mi infancia hasta que a los ocho años empezaron los abusos sexuales y el niño dejó de ser, porque aprendió a vivir en la angustia de lo que quizá estaba por llegar. Los dos años anteriores a la aparición activa del hermano L. fueron un avance parcial, una preparación en la angustia. Cada vez vivía menos en el presente, intentando controlar cómo afrontar los posibles peligros que me esperaban al día siguiente en el colegio. Cada vez más miedos nocturnos: miedo a dormir con la puerta cerrada, a la oscuridad, a tener que levantarme a hacer pipí durante la noche. A menudo esperaba a que la casa estuviera en silencio y me deslizaba a hurtadillas hasta la cama de la mediana. A veces, cuando papá viajaba, mamá me instalaba el plegatín en el cuarto de las niñas y aquello era la felicidad.

Pero la felicidad no duraba y el cuerpo hablaba, cada vez más a menudo. Enfermaba, nunca nada grave, solo síntomas, siempre los síntomas. Los síntomas son el abecedario del miedo en el niño y yo era un mapa de preguntas a medias, demasiado mayor para mi edad, demasiado niño para entender, demasiado sensible para no sentir que a mi alrededor mis iguales no lo eran. Durante esos primeros cursos en el colegio, nadie me elegía para los trabajos en grupo, ni aun cuando era el último que faltaba por colocar —de hecho, a menudo era el Hermano quien, impaciente, terminaba por incluirme entre los niños que él mismo decidía—, no recuerdo que ningún compañero me buscara en el recreo, ni siquiera los menos populares. Junto con un par de niños que sufrían circunstancias familiares muy precarias, éramos la retaguardia, lo que nadie quería. A medida que pasaba el tiempo, todo en mí era susceptible de convertirse en material de burla: el bocadillo de aguacate o de membrillo hecho con el pan del día anterior —en esa época poca gente conocía el aguacate y, como buena chilena, mamá lo usaba con frecuencia—, las camisas largas de colores con el cuello Mao que heredaba de mi hermana mayor, una cadena de plata con un colgante hippie, regalo de una amiga joyera de la abuela, y sobre todo mi madre —«Tan blanca y rara», «¿Está enferma? ¿Es ciega? ¿Por qué tu madre habla así?»—... Una madre albina en los años setenta, fumadora, alérgica a las faldas y sudamericana no pasaba desapercibida entre el grupo de madres y padres que esperaban a la salida de la escuela. Mamá era todo lo que no había en el pueblo. Tenía «mundo», como decía siempre la mayor, un mundo que había heredado de sus padres, que a su vez lo habían adquirido sobre la marcha, aprendiéndolo de la vida misma. Los abuelos habían emigrado muy jóvenes a Chile desde un pueblo minúsculo del centro de Catalunya. El abuelo había empezado repartiendo pan con un carro en Santiago y había terminado amasando una fortuna que no supo reinvertir bien. Mamá se había criado entre criadas, nanas, colegio inglés y varios años en un internado de Ginebra, de donde había salido para casarse con papá, un joven empresario del textil catalán que a la abuela nunca le gustó.

«Tu madre se casó y no sabía freír un huevo, la pobre», me contaba la abuela. «Culpa mía. La educamos como la educamos y luego mira, dando clases de inglés en casa para poder tener su dinerito.» Mamá era una de esas mujeres que podía ser feliz en cualquier parte, tan fácil de contentar, tan dispuesta siempre a reírse de sí misma, de su albinismo, de sus torpezas, de todo... Hacía trampas cuando jugaba a las cartas, fumaba unos cigarrillos de hierbas que olían a marihuana y era tan despistada que una vez que tenía que llevarme al otorrino apareció en la consulta del doctor con la mediana y no conmigo. Cocinaba mal porque no la educaron para eso y papá, que presumía de mujer «exótica» en público, en privado la sufría sin disimulo. Mamá lo sacaba de quicio: sus despistes, su poca vista, ese humor tan surrealista que él nunca entendía y que le molestaba... La reñía todos los domingos cuando ella salía de la cocina con la paella y, como siempre, había olvidado quitarle los trozos de pimiento al arroz. Le salvaban la vida los congelados y las legumbres cocidas. Y sobre todo el buen humor. Con nosotros era energía pura, una energía que se apagaba en cuanto la presencia de papá tensaba los hilos invisibles sobre la mesa de la cena. Solos los tres en casa con ella, todo era «Mami, ¿qué hacemos?», «Mami, ¿podríamos?», «Mami, ¿iremos?». Compañera, fue siempre una magnífica compañera de planes y de posibilidades, casi tan niña en su capacidad de ilusionarse con cualquier plan como nosotros. Recuerdo que, durante uno de los grandes fiascos de papá con una gran venta —al poco de mudarnos a la playa él ya había montado su propia empresa—, mamá hizo acopio de toda la plata que había en casa y de las joyas que guardaba en el joyero que le había regalado la abuela y fuimos juntos ella y yo a empeñarlas a Barcelona. En tren. Con dos bolsas de deporte. Yo debía de tener once o doce años y mamá transformó aquel viaje en una aventura como solo era capaz de hacerlo ella. Nos reímos mucho aquel día: de nosotros, de pura desesperación y sobre todo de agotamiento, porque reír con esa complicidad era sobrevivir. Esa fue una de las cosas que aprendí de ella y que aún conservo: la risa que todo lo puede, esa vida extra que siempre nos da a pesar del drama.

Años más tarde, fue ella quien me ayudó a conseguir un crédito —«Crédito Joven», lo llamaban entonces— para poder irme a estudiar a San Francisco. Papá se puso furioso, pero mamá no dio su brazo a torcer. Cuando, meses después, vino a visitarme, su capacidad de desorientación llegó a un punto tal —se perdía constantemente en la ciudad si salía sola— que quedamos en que, siempre que se perdiera, buscaría algún bar desde donde pudiese llamar por teléfono para que yo bajara a buscarla —vivía en lo más alto de una colina a la que se llegaba por una cuesta con ciento cincuenta escalones—. Así lo hizo. Al día siguiente, a media tarde, sonó el teléfono. «Me he perdido, Jandro», anunció con un tono sospechosamente alegre. «Pero estoy cerca. El chico es muy amable y me deja quedarme aquí con él hasta que vengas, aunque dice que no han abierto aún.» Me dio el nombre del lugar y bajé a buscarla. Cuando llegué, entendí. El nombre que me había dado era el de un Club de Sexo Gay decorado a lo Far West con la persiana medio echada y la puerta abierta. Dentro, sentada a la barra, mamá charlaba encantada con tres tipos bigotudos medio desnudos, uno de ellos con sombrero de vaquero. Al otro lado de la barra, el camarero, un hombre con pinta de pistolero y desnudo del todo —aunque se había puesto una toalla en la cintura, entiendo que por respeto a mamá—, la escuchaba embelesado. Oí las risas roncas de los cuatro hombres desde la puerta. «Qué bien, Jandro», dijo ella en cuanto me vio. «¿No decías que no había ningún gimnasio cerca de casa? ¡Pues aquí tenías uno! Y abre toda la noche, ¿verdad, Jake?» Jake, que algo de español hablaba, levantó su cerveza, celebrando la aparición de mamá, y en un inglés de tierra adentro me gritó: «¡Yo quiero una madre así, *man*!».

Desde entonces, aunque intenté convencerla de que aquello no era un gimnasio ni Jake su dueño, todas las veces que mamá se perdió en el barrio se las ingenió para llegar al Club de Sexo de Jake y llamar desde allí. «Hijo, estoy en el gimnasio», decía. «¿Me vienes a buscar? Hoy esto está llenísimo, pero no sufras, Jake me ha invitado a una cerveza.»

Son tantas las anécdotas vividas y sufridas con ella que podría pasar días enteros recordándolas. Mamá tenía una candidez que la salvaba. Parecía flotar sobre su propio despiste, sorteando, sin ser consciente de ello, peligros que a nosotros, sus hijos, nos dejaban sin aire. No he conocido persona más bondadosa, más generosa con lo que tenía y con lo que no, y más tolerante con su entorno. Supo hacer de nosotros un equipo desde que entendió que papá descontaba. Supo sortear esas aguas sucias en las que él y su familia siempre la hicieron navegar. «La gringa», la llamaban con sorna. Fue capaz de renegociar su vida cuando papá la dejó y empezar de cero a una edad en la que nadie habría sabido jugar una nueva partida con tan pocas cartas.

Era así, siempre lo fue, pero en aquel entonces, en esos primeros años de vida trasplantados al pueblo, mamá remaba como podía, también intentando adaptarse a un medio que le era hostil, o al menos así lo sentía ella. Habíamos empezado de nuevo y había demasiados frentes que controlar, ahora sin la ayuda inmediata de la abuela.

Había que flotar.

Durante esos primeros años, mi cuerpo aprendió a decir lo que yo no sabía expresar en casa. La angustia me provocaba afonía y unas amigdalitis tremendas que traían consigo algo que yo temía por encima de cualquier otra cosa: las consabidas inyecciones de gammaglobulina, aquella gigantesca jeringa de cristal insertada a una larga aguja metálica que la señora Carmina, la practicante, hervía en la cocina de casa mientras mamá, sentada en mi cama, intentaba en vano tranquilizarme. Oír el timbre y la voz cascada de la señora Carmina en el pasillo, parloteando con mamá, era como oír al demonio paseándose por casa. Habría dado lo que fuese por librarme de aquellas inyecciones eternas que te dejaban la pierna medio dormida con esa masa líquida no apta para entrar en la musculatura agarrotada de un niño. Yo lloraba ya cuando la señora Carmina entraba en el cuarto, intentando esconderme detrás de mamá, y no se lo ponía fácil, aun sabiendo que no había ninguna posibilidad de impedir lo que de todos modos iba a ocurrir.

Por un lado, la enfermedad me salvaba del colegio, acortando los meses que faltaban para las siguientes vacaciones y dándome un mal respiro. Quedarme en casa con mamá, solos los dos, mientras la mediana y la mayor estaban en clase, era la felicidad, y no solo para mí, también para ella. Desayunábamos juntos en mi cama y después mamá me dejaba el transistor con un montón de tebeos y el libro que estuviera leyendo entonces y así pasaba la mañana. Luego escuchábamos *La familia de los Marazuela*, una radionovela que nos tenía enganchados en casa y de la que ella nos iba poniendo regularmente al día. Recuerdo mis días en cama y echo como nunca de menos a mamá y esa complicidad que era capaz de generar siempre en quien la necesitaba. Tenía un sexto sentido para captar, sin llegar a saberlo del todo, que la enfermedad, aquellas repetidas infecciones en garganta y oídos, eran mi forma de sobrevivir a algo peor.

Y de contarlo sin contarlo.

Con los años he entendido que el silencio con el que ella soportaba la intricada madeja de desvaríos que vivía con papá, tanto en lo íntimo como en lo familiar, era el mismo con el que yo me enfrentaba al laberinto que me esperaba a diario en el colegio. Mamá y yo éramos cómplices en la desgracia y los dos —a pesar de mis seis años, yo ya entendía que las cosas en casa no iban bien entre ellos— lo sabíamos.

Si vuelvo a esos años en el colegio, recuerdo la fiebre, los oídos infectados y el dolor de garganta, y sobre todo recuerdo el silencio. Mi silencio. No saber cómo contar lo que vivía, intentar entender, siempre atento a cualquier pista que me ayudara a volverme como los demás. En aquel entonces, a esa edad, todavía confiaba en que dependía de mí ser aceptado, formar parte. Creía que quien fallaba era yo y que me tocaba encontrar la llave que abriera esa puerta antes de que los adultos —maestros, hermanos y mis padres— se dieran cuenta de que era un fracaso.

El silencio.

Lo que no se dice no existe.

A diferencia de lo que ocurrió con los abusos sexuales, nunca —durante los siete años que estudié en el colegio— confesé en casa que era víctima de acoso en clase. Fueron siete cursos de angustia callada, avergonzado por mi incapacidad para cambiar, por no saber disimular mejor y por haber llegado tarde a cualquier posibilidad de mejora de mi situación. Aprendí que cuando un niño se convierte en «niño diana» ya no deja de serlo mientras el grupo siga siendo el mismo. «Marica. Mariquita. Maricón. Ay, por Dios. Sí, que salga la Palomita a que le veamos el culito…» Te marcan una vez y las voces corren de un niño a otro durante el recreo, en el comedor, entre niños de distintas edades. La mancha se agiganta hasta crear un mapa oscuro que al poco ya no controlas. No sabes quién en la escuela sabe y quién no, quién es enemigo y quién te ignora mientras caminas en un campo de minas desde que entras en el colegio. Nunca, en ningún momento, hay una situación libre de tensión. Los niños diana nunca dejamos de serlo, temerosos sin descanso del día a día en la escuela, siempre vigilantes, controlando cualquier señal, cualquier peligro. Solo hubo una tregua en ese período, un pequeño vacío de alivio en el que dejé de estar en la lista de los que no valíamos y que coincidió con la aparición activa del hermano L. y los meses de abusos con él. Mientras él fue mi protector y yo su favorito, hubo paz.

Cuando el Hermano decidió que yo estaba preparado para él, atacó, ofreciéndome su mejor cara y «regalándome» una seguridad y una sensación de estar siempre a salvo que yo no había conocido en todo el tiempo que llevaba en el colegio.

Y, aunque desde un principio hubo algo en él que me repelía —nos ocurría a la mayoría de los niños y la sensación iba en aumento cuanto mayores nos hacíamos—, tener de mi lado una autoridad como la suya, que no solo me protegía de mis compañeros sino que además me alentaba a escribir —desde el principio supo ver en mí «ese don», como él lo llamaba—, fue un regalo que yo no esperaba.

Yo no sé en qué momento exacto el Hermano «se fijó» en mí. Mentiría si dijese lo contrario, y no solo porque tenía ocho años y ya ha pasado demasiado tiempo, sino porque es imposible saberlo. El acosador se acerca a la víctima muy despacio, ganándose su confianza con pequeños gestos, con pequeños premios. Sí recuerdo, durante el año escolar en que llegaron los abusos, una presencia suya más frecuente. Más cercanía durante el recreo. Recuerdo que «estaba» y también que yo me sentía bien a su lado. A fin de cuentas, papá siempre hablaba bien de él, era un hombre de confianza, un buen Hermano, y además se encargaba del fútbol. Nunca oí en casa una mala palabra sobre él. Recuerdo, eso sí, una coincidencia nefasta. Durante la primera parte del curso en que empezaron los abusos, mamá tuvo un par de conatos de separación de papá. Uno de ellos fue terrible, terrible para nosotros tres, porque estuvo fuera de casa dos semanas y durante ese tiempo creímos que efectivamente había llegado el final y la perdíamos. El otro fue quizá menos prolongado, pero igualmente devastador. Vivimos esos días sumidos en la angustia y en un pánico constante a que lo que mamá nos aseguraba al teléfono —«No os preocupéis: en cuanto esté más organizada os traeré a vivir conmigo, pero necesito un poco de tiempo»— quedase en nada y tuviéramos que vivir con papá y con tía Mercedes.

Mamá no estaba y sin ella era imposible imaginar un futuro. Fueron dos conatos de huida demasiado seguidos en el tiempo y mi cuerpo, siempre en alerta constante, respondió en consecuencia. No tardaron en volver las infecciones de oído, faringitis, diarreas, fiebres altísimas que aparecían de repente durante el día en el colegio y que me devolvían a casa durante el recreo o la comida. Ahora entiendo que todos aquellos brotes de mala salud eran constantes estallidos de angustia por miedo a que ella se marchara: cuando me iba al colegio no sabía lo que ocurría fuera de él, y me aterraba que mamá estuviera preparando una nueva huida durante mi ausencia. Separarme de ella por las mañanas era un preduelo. Sentía que la posibilidad de no volver a verla estaba siempre presente, sobrevolando el desayuno, y a partir de que salía de casa empezaba mi pesadilla. La única manera de seguirla de cerca era volver, no perderle el rastro, y mi cuerpo sabía cómo conseguirlo.

Fue entonces cuando la figura del Hermano empezó a aparecer más, lo recuerdo más presente, y no solo porque estuviera a cargo de la enfermería del colegio, sino porque algunas mañanas yo pedía permiso para quedarme en clase leyendo durante el recreo y él a veces aparecía y se sentaba conmigo un rato, preguntándome por la lectura e interesándose por lo que hacía. A mí me gustaba su compañía, me tranquilizaba, como solía ocurrirme siempre que me encontraba en compañía de un adulto. Los mayores me daban una seguridad que los niños no ofrecían. Con ellos sabías a qué atenerte, eran más fáciles de leer y de prever, sobre todo las mujeres, como mamá y la abuela, y el Hermano era, cuando estábamos solos en clase, un hombre de gesto suave, como un niño ya mayor, y bromista, mucho. Además, todo cambiaba a mi alrededor en su compañía. Si alguien entraba en el aula a buscar un bocadillo o una pelota, la presencia del Hermano imponía un respeto que me incluía a mí también. No me costó confiar en él, menos aún cuando empezó a encargarse de devolverme a casa cuando enfermaba. Era él quien decidía si me iba o no. La llave de regreso a mamá.

Cuando sufrí el primer episodio de abusos y entendí, en la medida que puede hacerlo un niño de esa edad, que su bondad conmigo no era gratuita, no supe interpretarlo. Hasta ese momento, yo había encontrado en él una extensión del universo de cariño que solo tenía asegurado en mamá y en la abuela, y ellas me habían demostrado que ese cariño no fallaba. Nunca hasta entonces me había sentido mimado y cuidado por un hombre adulto y eso, esa especie de paternidad tan poco experimentada, era para mí un milagro.

No supe leer esa nueva cara que asomó de repente en él y que, como un espejismo, enseguida desapareció. En cuanto quise darme cuenta había vuelto el hombre que yo conocía, el hermano bonachón y querido por todos que se había ganado la confianza de papá y también la mía, borrando a ese otro de cuya existencia rápidamente dudé.

Cuando, con el tiempo, las dos caras del Hombre empezaron a convivir cada vez más a menudo, yo era ya un mar de confusión. La agresión llegaba sin avisar, con frecuencia cuando la cara A parecía haber desbancado para siempre a la otra, la oscura, y yo había empezado a relajarme, confiando en que la amenaza ya no era real.

«¿Ves lo que me haces hacer?»

El motivo era yo. Su cara B, la del daño, era yo quien la mantenía viva porque él solo la sacaba conmigo, sin mí no existía. Demasiado confundido y asustado, nunca me atreví a pedirle que me dijera en qué me equivocaba para que él actuara así, qué podía hacer para solucionarlo, para que él volviera a ser el Hermano que yo sabía que era, porque así lo había conocido.

Sufría por mí, pero también sufría por él.

Tenía ocho años. Solamente.

A veces, era tanta la desesperación intentando encontrar la solución a todo ese laberinto de angustia que de noche, cuando tocaba rezar antes de dormirme —desde que empecé en La Salle me acostumbré a rezar un padrenuestro, un avemaría y un ángel de la guarda antes de apagar la luz, y seguí haciéndolo hasta bien entrada la adolescencia, aunque, salvo mi padre, nunca fuimos una familia creyente y mucho menos practicante—, le pedía a Dios morirme.

«Ángel de la guarda, ojalá me muera esta noche. Por favor. Amén.»

Otras, cuando mamá se iba porque papá «lo había vuelto a hacer» o porque había habido pelea en casa, le pedía que se llevara a papá.

OTROS MUNDOS, UNA POSIBILIDAD

Empecé a leer muy pronto. De hecho, me recuerdo leyendo siempre, solo, en cualquier sitio de casa. Desde pequeños tuvimos muchos libros a nuestro alrededor. Mi padre y mi madre eran lectores habituales —mi padre, un gran aficionado a los libros y los fascículos de *Historia y vida*; mi madre tenía en su cuarto una estantería llena de novelas que intercambiaba con su hermana y que leía sobre todo en verano. Fue en esa estantería donde vi mi primer ejemplar de *Nada* de Carmen Laforet y el de *Cien años de soledad* de García Márquez— y siempre había libros, fascículos y material de lectura rodando por el salón. Cada una de las camas de mis hermanas tenía dos cajones inmensos —o ahora me lo parecen— llenos de ejemplares de Joyas Literarias Juveniles del sello verde, algunos de los cuales la mediana todavía conserva. Así conocí a muchos de los grandes autores de la literatura universal: Dickens, Alcott, London, Verne, Conan Doyle, Beecher Stowe, Twain... combinados con la serie de libros de *Óscar* de Carmen Kurtz y más tarde la de *Los Cinco*, *Las mellizas O'Sullivan*, *Torres de Malory* y tantos otros. Leía sin fin y sin filtro. Todo lo que pasaba por mis manos, cualquier historia servía. Para un niño como yo, que caía en cama con asiduidad, tener todo aquel arsenal de libros y tebeos a mi alcance era pura alegría. Muy pronto encontré en la lectura la puerta a un entramado de realidades ajenas en las que me instalaba con todo. Mi realidad se fundía sin esfuerzo con la de Sisí, con la de aquel niño rubio que podía ser príncipe y mendigo a la vez y con la de Robin Hood en los bosques de Locksley. Adopté la lectura como algo mío, una parcela que no era necesario compartir con nadie y en la que no cabía la duda, porque las historias no cambiaban nunca: podías fiarte de que los hombres, mujeres y niños que habitaban en aquellos tebeos, que rápidamente pasaron a ser libros ilustrados, no se reservaban ninguna sorpresa, ninguna cara B. Las novelas eran códigos seguros que relajaban mi desconfianza en lo humano. Allí estaba a salvo del desconcierto que provocaba en mí lo real. Eran casa y eran silencio.

Sobre todo, eran alivio.

Enseguida empecé a leer tanto que no tardé en llevarme libros al colegio para poder seguir con ellos en el recreo. Al principio, libros y tebeos fueron la excusa perfecta para que los niños de clase se dieran cuenta de que si no jugaba con ellos no era porque no me buscaran, sino porque yo prefería leer. Me sentaba en las escaleras del campo de fútbol, al lado de la fuente, con un par de tebeos, y durante esa larga media hora de las mañanas en que mi falta de adaptación quedaba expuesta ante todos releía historias que muchas veces ya traía aprendidas de casa. Desgraciadamente, lo de leer en el recreo no surtió el efecto que yo buscaba. No solo no conseguí abstraerme del resto de los niños, sino que rápidamente lo mío con los libros llamó la atención, y no para bien. Una vez más Palomas queriendo llamar la atención, sintiéndose por encima de los demás y chuleando de tebeos y lecturas delante de los hermanos como el buen empollón que era. No fue una buena idea, aunque casi ninguna lo era. Nada funcionaba. Mi forma de estar en el mundo —y el mundo era en aquel entonces la escuela— era siempre la equivocada. En cuanto entendí que la lectura no sumaba, dejé de utilizarla y rápidamente quedó relegada a mi vida en casa. Ya en aquel entonces tendría que haber entendido que había un cristal que separaba y dividía el universo de las historias y personajes que poblaban los libros del mundo que yo habitaba, aunque si hubiera sido así seguramente mi interés por la lectura se habría esfumado. La magia habría dejado de estar. Entre las páginas de mis lecturas yo buscaba una vida que no fuera la mía para habitarla sin temor al rechazo. Yo era ellos y era también ellas: era Heidi y era Pedro, y también Clara y Ricardo Corazón de León apareciendo por sorpresa para recuperar su trono de manos del maldito Juan sin Tierra; era uno más dentro de esos mundos, no un lector, sino un habitante que ellos no veían. Era ellos porque estaba allí, y ese estar allí me ayudaba a no estar en una casa cuyos habitantes adultos no se querían como yo deseaba ver quererse a unos padres, no se querían como sí lo hacían quienes habitaban la ficción.

Anhelaba —necesitaba— otra vida. Cada libro me ofrecía una distinta, cada cual más alejada de la mía.

Cuanto más leía menos entendía por qué me había tocado a mí vivir en la cara B de lo real —la mala—, cuando había otra en la que todo tenía sentido y los buenos eran buenos siempre y los malos no traicionaban nunca su propia maldad. Leer confirmaba mi fe en la existencia de otro plano de la realidad en el que, si era bueno, si obedecía, si estudiaba mucho, si era el mejor en lo que hacía, podría vivir algún día. Ese plano estaba allí. Era solo cuestión de encontrar el modo de colarme dentro.

Tenía que ganarme ese premio. Ellos lo llamaban «historias», «libros», «cuentos», «personajes»..., pero para mí eran todo lo que yo ya sabía que la vida no me había dado. Desde que entré en el colegio en Premià supe que lo que vivía entre aquellos muros era mi suerte, como les pasaba a Oliver Twist o al príncipe-mendigo, que no habían podido elegir su destino. No había forma de evitarlo ni tampoco de luchar contra ello. Creo que fue entonces cuando empecé a entenderme como un niño solo. Y no me refiero a sentirme solo, que también, sino a tener una conciencia de mi cuerpo, de mi estar en el mundo, como algo separado de todo lo demás. No sabía cómo vincularme con el medio en el que habitaba porque —y dejar de hacerlo me ha costado muchos años de terapia— me veía siempre desde fuera, o desde arriba. Control. El control para un niño como yo era fundamental: control del medio, de mí mismo, de mis gestos, mis muecas, mis reacciones... Todo podía ser utilizado en mi contra —de hecho, muchas veces así era— y por tanto me correspondía a mí corregirlo. «No muevas demasiado las manos, no te asustes cuando alguien te pase una pelota de baloncesto, no mires las muñecas en el escaparate de la juguetería, no corras así, no levantes siempre la mano en clase, no leas en alto, las cosas de tus hermanas son de tus hermanas... No seas tú, nunca seas tú salvo en casa, en casa sí, pero mejor que papá no esté por si acaso.» Había nacido en un entorno equivocado, cierto, pero quizá estaba en mi poder, si no corregirlo, al menos sí disimularlo.

Dependía de mí. Ser feliz dependía solo de mí y de mi esfuerzo. Así era en los libros, también en los tebeos. Ganaban siempre los valientes, las más guapas, las reinas y los reyes, las niñas como Heidi, a las que no quería nadie... Al final, el invisible feo se convertía en lo que era de justicia, esperar merecía la pena porque los buenos conseguían siempre su recompensa.

Las historias que leía sin descanso estaban llenas de héroes y de heroínas que, casi siempre en solitario, lograban ser reconocidos y queridos, en muchos casos salvados. Yo era uno de ellos, me veía en ellos, necesitaba saber que eso ocurría. «Los clásicos», decía papá orgulloso cuando, en las cenas con los matrimonios amigos con los que salían mamá y él, sacaba a relucir mi pasión por la lectura. Y, viéndolo así de orgulloso, oyéndolo fanfarronear de mi gusto por eso que él llamaba «los clásicos», no había duda de que esas historias eran de fiar. Eran «reales».

Sin saberlo, papá me envió una extraña señal. «Los clásicos», según mi propio filtro infantil, seguramente se llamaban así porque eran como los reyes o los dinosaurios: habían existido y eran todos ellos personas insignes de la historia de la humanidad, como ocurría con los nombres que aparecían en las enciclopedias. Eran de verdad. Eran modélicos. Sus casos —sus vidas—, esos niños y niñas, hombres y mujeres que terminaban siempre convertidos en héroes por su valentía, por su bondad o por la justicia que regía el universo y que al final siempre terminaba soplando en su favor, eran el testimonio innegable de que lo mío tenía solución.

Desde muy pequeño, y hasta que encontré en la escritura esa ventana nueva hacia el exterior, la lectura me salvó de la muerte porque me ayudó a resistir, confiado en que en algún momento, cuando la infancia pasara y el colegio terminase, empezaría ese otro ciclo que siempre les llegaba a los protagonistas de aquellos libros: se hacía justicia y el débil, el invisible, había dejado de ser el patito feo para convertirse a ojos del mundo en un modelo de algo, especial no por sus defectos, sino porque los defectos por los que había sido castigado durante la infancia eran en realidad cualidades que habían llegado a destiempo. Héroes. En «los clásicos» de papá, los niños y las niñas a los que nadie quería sorprendían a quienes los habían martirizado con el desprecio y la burla, demostrándoles su error. Cuanto más leía, más me reconfortaba saber que había un lugar —la ficción, los libros— en el que lo mío era común, que niños como yo tenían un sitio esperándoles, una habitación propia en la vida.

Volviendo la vista atrás y recuperando esos años de lectura rabiosa y urgente, entiendo algo que hasta ahora —hasta ahora mismo— desconocía y que tiene mucho que ver con mi forma de escribir. Recuerdo que una de las cosas que más me entristecía era terminar una novela —un tebeo, lo que fuera— y que no tuviera una continuación. Enseguida me aficioné a las series —*Los Cinco*, *Las mellizas O'Sullivan*, etc.— porque era tal mi voracidad, la intensidad con la que me instalaba entre sus personajes, que la despedida me dejaba demasiado vacío y, sobre todo, muy solo. Terminar un libro era volver, y volver dolía porque mi realidad era esa. Yo quería esos partidos de lacrosse, los internados con su sala común, el perro de *Los Cinco*, las galletas de jengibre, esa hermandad entre niños en la que no había maldad que doliera demasiado ni errores no solucionables. Leer una novela que no tuviese continuidad me dejaba demasiado roto por la despedida. Desde que descubrí las series, la relación con mis lecturas cambió: había más tiempo, aquellos amigos me duraban más, eran más míos. La señora Estela, dueña de una pequeña librería donde encargábamos los fascículos y diarios los fines de semana, enseguida se dio cuenta de mi devoción por las series, y me consta que hizo lo imposible por agotar todas las que encontró para tenerme tranquilo. A veces, sin embargo, me presentaba un libro y me decía: «Este no es de serie, Jandro, pero te gustará mucho. Mientras tanto, te busco algo», y yo me iba feliz de vuelta a casa porque el que tenía en las manos era un además, un puente entre una de esas pequeñas vidas divididas en seis o siete volúmenes y la siguiente.

No quería que se acabaran. No quería que mi vida con las Mellizas o con Óscar terminara, porque sin ellos no tenía mucho más. Eran mis amigos y, terminado el último volumen, yo no sabía dónde buscarlos. ¿Dónde estaban? ¿Cómo podía haber vivido con ellos siete años de sus vidas y de repente perderlos así, sin que me hubieran visto nunca participando de sus aventuras, corriendo a su lado, celebrando juntos lo bueno? Leía una novela por semana, dos si caía mi cumpleaños o Navidad. Las series alargaban la despedida y también el disfrute. Un libro solo era poco, no era, no bastaba. Cuando muchos años más tarde escribí *Una madre*, tendría que haber imaginado que esos personajes iban a seguir estando en mi literatura tanto tiempo como lo han hecho y como, probablemente, seguirán haciéndolo. Lo mismo podría decir de *Un hijo*. Escribo como aprendí a leer, incapaz de despedirme de mis personajes así, dejándolos colgados en un limbo en el que yo no quiero imaginarlos. Cuando digo que mis personajes son personas con las que convivo no exagero. Son mi familia y necesito tenerlos conmigo, no quiero que mueran porque mi vida es más vida cuando me adentro en el mundo de mi ficción que cuando estoy en este plano, en el «real». Todos desearíamos que aquellos a quienes queremos nos sobrevivan, y a mí me ocurre eso con los hombres y mujeres que habitan mi mundo de ficción. Nunca los he entendido ni los he sentido como personajes, tampoco como invenciones. Son mi gente, uno de mis grandes motivos para seguir vivo. Por eso no basta con una sola novela. No quiero más orfandad. No puedo.

Y luego estaba la magia, la inmensa magia del cine. La magia podía con todo, era la tabla de salvación para los niños que, como yo, sabían que había un lugar en el que las reglas que regían el mundo no eran las que los adultos se empeñaban en enseñarnos. Había algo más, tenía que haberlo. Muchos niños y niñas sobrevivimos al rechazo y al descubrimiento de nuestra diferencia gracias no tanto a la magia en sí, sino a los personajes adultos que veíamos en esas primeras películas en las que adultos de carne y hueso se comportaban como hombres y mujeres que nada tenían que ver con los que nos rodeaban. Eran adultos que no respetaban la norma y que vivían felices en su diferencia, ajenos a lo que su mundo esperaba de ellos. Esa capacidad de ser ellos mismos les daba poderes mágicos, los hacía poderosos y únicos. En mi caso, hubo personajes mágicos que llegaron en el momento justo y que me ayudaron a creer que quizá algunos de nosotros —yo, por qué no— podríamos cruzar esa férrea alambrada que los adultos se empeñaban en trazar entre el mundo «real» y la fantasía.

La bruja novata, *Chitty Chitty Bang Bang* y sobre todo *Mary Poppins* fueron mis tres ventanas abiertas a esa realidad que yo nunca dejé de ver posible. Y repito: no tanto por los personajes infantiles que las protagonizaban, sino por esas mujeres maravillosas y buenas que no necesitaban de nada más que de la magia para poder justificar su modo de vida. Tanto *La bruja novata* como *Mary Poppins* proponían raros ejemplos de mujeres libres: no estaban casadas, circulaban libremente sin dar explicaciones a nadie, eran muy queridas por su personalidad independiente —aunque en las películas se las tache de «testarudas»—, no tenían hijos, no tenían miedo, decidían sobre sus vidas minuto a minuto, sin más. Saber que eso era posible, que quizá de mayor podría ser como ellas, así de libre, sin depender de la aprobación de nadie, viviendo solo, dedicando mi tiempo a lo que realmente fuera mi pasión y pudiendo volar y solucionar cualquier conflicto con un simple movimiento de nariz o de varita, me daba la vida. A eso había que añadir, cómo no, esa capacidad innegablemente mágica —sobre todo en el caso de Mary Poppins— de comunicarse con los animales, de reconocerse en ellos como si realmente fuera una más de la familia.

Desde que publiqué *Un hijo*, la pregunta que nunca falta en las charlas que doy en los institutos, colegios y clubes de lectura juveniles es: «¿Por qué Mary Poppins?». Debo confesar que también en eso he mentido. La explicación, la de verdad, no puede compartirse a la ligera con niños, niñas y adolescentes que seguramente no esperan recibir una respuesta así. Siempre he temido que la verdad, la que ahora ya puedo desvelar porque es pública, sea demasiado horrible para oídos tan desprotegidos como los suyos.

La verdad. La verdad es una ventana. Todo en mi vida creativa gira y me devuelve a esa ventana y a esa madrugada de verano encerrado en la enfermería, acostado con las manos atadas. La verdad es esa cama y la espera tensa, confiando en que las visitas del Hombre hubieran terminado. Esa noche apenas dormí. Vigilaba las agujas del reloj que colgaba de la pared, delante de mi cama, cada diez, quince minutos, atento a si volvía el ruido de pasos. Cuando no miraba el reloj o dormitaba, miraba a la ventana. Hubo un momento en que la luz de la noche empezó a cambiar. La oscuridad se suavizó, apuntando al día, y sentí un alivio tremendo, como si todo hubiera terminado. La sensación que me acompañó durante todas esas horas fue la misma que cuando caemos enfermos durante la noche. No sé por qué, pero parece que si aguantas hasta que amanece, el peligro ha pasado, que lo peligroso es la oscuridad, no la enfermedad.

«Ya está», pensé aliviado al ver clarear y oír los primeros trinos que llegaban desde fuera. «Si hay luz ya está.» Pero me equivoqué. Poco después oí de nuevo pasos —sus pasos— acercándose por el pasillo y, aunque dudé, en cuanto entró en la habitación supe que lo peor estaba por llegar.

Cuando sentí su peso en la cama y su mano en mi entrepierna volví a fijar la vista en la ventana. Me acordé entonces de mi madre y también, no sé por qué, pensé: «Si yo pudiera llegar a esa ventana, me salvaría». Pero la enfermería estaba en la primera planta y sabía que si saltaba me mataría. Y en ese instante pensé en Mary Poppins. La vi salir volando de casa de los Banks hacia un nuevo destino, con su maleta y su paraguas, y, mientras el Hombre se pegaba a mi espalda e intentaba convencerme de que me portase bien y estuviera tranquilo, me prometí que tenía que preguntarle a mi madre dónde podía estudiar para ser Mary Poppins cuando terminara el cole, porque solo ella podía echar a volar desde las ventanas, y a lo mejor eso era lo que yo iba a necesitar siempre. Y fue en ese preciso minuto cuando decidí que de mayor quería ser ella para poder estar siempre a salvo, porque todas las habitaciones tenían una ventana, aunque fuera pequeña, y si sabías volar nunca corrías peligro.

Esa es la verdad. Yo quería ser Mary Poppins. Quería ser ella para que nadie me tocara más. En aquel entonces, a mi edad, yo no podía ser consciente de eso, pero con el tiempo he entendido que Mary Poppins es un personaje que, salvo en las escenas de baile, sobre todo cuando se sumerge en el mágico mundo de los animales, nunca tiene contacto físico con nadie. Es más, parece que haya a su alrededor una especie de campo magnético invisible que la aísle de lo que la rodea, protegiéndola.

Yo quería eso. Ese desapego. Esa distancia.

Estar a salvo.

Una campana de cristal.

UNA CAMPANA DE CRISTAL

El día que por fin me atreví a contarle a mi madre algunas de las experiencias que había sufrido durante el año de abusos, cambiaron muchas cosas en mi vida. Algunas se manifestaron enseguida, otras han ido apareciendo con la edad como llagas de largo recorrido. Uno de esos primeros cambios afectó de pleno a mi relación física con el mundo. O, dicho de otro modo, mi cuerpo pareció encogerse —quizá debería decir «arrugarse»— sobre sí mismo y al poco dejé de ser un niño físicamente cariñoso. Cambió hasta mi postura. Empecé a caminar encorvado, como si quisiera esconderme o disimular ese estirón que me llegó muy pronto y que me hacía sobresalir entre el resto. Miraba siempre al suelo, con los hombros encogidos y el porte desmañado, algo que no dejé de hacer hasta muy mayor y que sacaba de quicio a mi padre.

«Ponte recto», lo oía rezongar a cada rato en casa, cuando me veía pasar por delante de él. «Te vas a quedar jorobado.» El nexo natural que hasta entonces había existido entre mi yo corporal y quienes me rodeaban se partió por la mitad y enseguida quedé encapsulado en una suerte de burbuja transparente que no permitía el contacto directo. No quería que me tocaran, me tensaba si alguien intentaba abrazarme y no sabía cómo responder a una demostración inesperada de afecto físico. Me volví torpe en la expresión del cariño, incluso con mi madre: rígido con sus abrazos y con los de la abuela, arisco con todo lo que supusiera un contacto o acercamiento que implicara piel.

Desconfianza. Salí de aquel año de abusos convertido en un niño viejo que no confiaba en las intenciones de nadie que se aproximara a mí con intención de demostrarme físicamente su afecto. Huía de los niños y niñas más efusivos y los mayores me producían terror. Miento, no era terror. Era asco. Sentía un rechazo visceral que me costaba disimular. Recuerdo que mamá nos apuntó a la mediana y a mí a clases de guitarra y que yo sufría por adelantado todos los miércoles antes de llegar a casa de la profesora porque temía el momento —siempre llegaba ese momento— en que ella se sentaba delante de mí, me tomaba los dedos y los manejaba con cuidado para corregirme. Todavía revivo ese calambre lleno de electricidad que me sacudía entero y que me encogía los dedos de los pies en los zapatos cuando sentía el contacto de su mano. Tocarme, más allá de mi madre y mi abuela, era traspasar una línea de seguridad prohibida: entrar en esa parte de mí que yo detestaba. Yo no quería tener ese cuerpo. No quería esos calzoncillos, me daba asco tener que llevarlos, veía mi pene cuando me bañaba y habría dado lo que fuese por no tenerlo, para que no hubiera nada allí, una continuación lisa del vientre, sin sexo.

Y luego estaban los demás. Compartir vestuario en la hora de gimnasia era una tortura que intentaba evitar a toda costa y la desnudez comunal —en aquel entonces yo había empezado a jugar a baloncesto con el equipo del colegio— me coartaba hasta límites inimaginables. No había confianza en el otro y mucho menos si ese otro buscaba un acercamiento físico conmigo. Lo que no imaginaba era que eso había llegado para quedarse, que esa capacidad corporal de relacionarme con el exterior había quedado necrosada y que no iba a volver a estar. Desde entonces nunca he vuelto a confiar el cien por cien en nadie. Existen, eso sí, el acercamiento y la complicidad, pero nunca hay una confianza plena. No por mi parte. No con quien dice quererme.

Tengo una amiga que expresa muy bien la sensación con la que he vivido. Ella lo dice así: «Yo no sé que me quieran». Es una construcción extraña, y seguramente incorrecta, pero define a la perfección lo que soy y siento, lo que sentimos muchos y muchas que vivimos lo que yo viví. Desde que el Hombre pasó por mi vida y arrolló mi infancia, cubriéndola con esa fea sombra de confusión y daño, vivo envuelto en cristal, defendiéndome a sangre contra quienes dicen quererme. Durante muchos, muchísimos años no he dado un abrazo. Han sido décadas en las que abrazar equivalía a abandonarme al poder del otro, quedarme en desventaja, volver a esa cama y sentir el calor del Hermano pegado a mi espalda con su brazo rodeándome el pecho y aprisionándome contra él. Abrazar a alguien o, mucho peor, dejarme abrazar por él, era arriesgarme a la posibilidad de que el abrazo no fuera solo una demostración de cariño, sino que llevase oculta una segunda intención, que el abrazo fuera en realidad esa trampa ya vivida y conocida de la que solo iba a poder salir pasando por «hacer eso».

Hacer eso. Así era como yo lo llamaba. O también *Pasar por eso*. No sabía darle otro nombre, nadie me dio nunca uno porque nunca volvimos a hablar de ello en casa. Tras mi confesión y la denuncia de mis padres en la escuela, el tema quedó zanjado y nunca volvimos a mencionarlo. La discreción que se nos pidió desde el colegio se hizo extensiva también a la familia y a partir de entonces hubo silencio. Nunca más una referencia, nunca un comentario. Nadie se sentó conmigo a elaborar, nadie me tranquilizó sobre mi papel en lo que había vivido. Y, sobre todo, nadie me dijo: «No tienes la culpa. Hayas hecho lo que hayas hecho, tú no tienes la culpa».

Volví a terapia —mi primer período de terapia había durado unos seis meses, el tiempo que había tardado en controlar la angustia que había supuesto tener que adaptarme al nuevo colegio—, y esta vez fue para quedarme. Ya no la dejaría. De hecho, sigo con ella y no creo que vaya a ponerle fin. Con el tiempo he comprendido que después de ese año de tortura una parte de mí se perdió por el camino y que a partir de entonces vivo emocionalmente discapacitado. Es así. La terapia es una silla de ruedas sin la que me sería imposible manejar el plexo con seguridad. Y no es que, como he oído en más de una ocasión, me haya hecho adicto a ella —curiosamente, esa expresión, la de «A ver si resulta que vas a hacerte adicto a la terapia», la he oído sobre todo en boca de personas que no han pisado nunca la consulta de un psicólogo, porque, como me dijo una editora hace un par de años: «Me sentiría estúpida pagando por contarle mis problemas a otra persona teniendo a mis amigos a mano». Sumémosle a ese perfil el de quienes fuman o beben hasta la borrachera todos los fines de semana porque no entienden lo social sin el alcohol, y así una larga lista de adictos no reconocidos que prefiero ahorrarme. Y sí, esto es una crítica, porque esas voces hacen daño, mucho más del que imaginan en según qué momento y a según quién—, sino que es parte de mí. ¿Acaso se nos pasa por la cabeza preguntarle a alguien que se mueve en silla de ruedas si se ha vuelto adicto a ella? Bien, pues esto es lo mismo. Los abusos me discapacitaron y desde entonces necesito ir semanalmente a rehabilitación para que la atrofia me permita vivir una aceptable normalidad. Para que no vaya a más.

A veces, si hay suerte, va a menos.

A veces, simplemente viene y va.

«¿Cómo ha alterado tu futuro el episodio de abusos que viviste?» Esa es otra de las preguntas que más se han repetido desde que hice mi declaración pública, a la que se añaden otras como: «¿Qué ha quedado de todo eso? ¿En qué te ha hecho distinto del hombre que habrías podido ser? ¿Qué pasó después? ¿Y ahora? ¿Quién eres ahora?».

La campana de cristal. Esa es siempre la respuesta.

Desde los nueve años vivo encerrado en esa campana y cuando abrazo no toco piel, sino frío. Hay un fino papel transparente entre mi cuerpo y el de quien me abraza, papel burbuja, no transpirable.

«¿Y te ocurre con todo el mundo?», preguntan quienes quieren saber más. «¿Siempre?»

Hasta hace unos años —cinco o seis— era así con todo el mundo, no quiero mentir. Y cuando digo todo el mundo —y exceptuando, muy al principio, a mi madre y a mi abuela— es literal. En mi cabeza cualquier contacto humano ha sido leído y recibido durante muchos años como una amenaza de acercamiento sexual. Peligro. Alarma. Cualquier roce accidental, una caricia, alguien que te toma de la mano en un momento de tensión… todo eso ha sido tortura en vena, porque no ha habido una sola vez en que mi inconsciente no haya sentido una oleada de terror y asco ante la sospecha de que quizá había algo sexual en ese contacto. Desde el mal cerrado capítulo de los abusos, cualquier mano que me buscara quería «hacer eso» conmigo, incluso la de un compañero de clase. Incluso la de mi madre. Sí, también la suya. Odiaba mi cuerpo. Y lo odié aún más cuando empezaron a llegar los cambios previos a la pubertad. Tanto que no bastaba con querer ocultarlo de las miradas ajenas, encorvándome y encogiéndome sobre mí mismo, sino que durante mucho tiempo deseé con todas mis fuerzas aniquilarlo, hacerlo desaparecer, como si cuerpo y persona no fueran lo mismo. Como si, muerto el cuerpo, las cosas pudieran volver a ser como lo habían sido antes de aquel año maldito.

La culpa era de mi cuerpo. Eso era lo que decía el Hermano cuando acababa. Pasándome la mano por la tripa, casi como si quiera hundírmela, decía, con una mirada que yo nunca supe entender: «¿Ves lo que me haces hacer?».

Quería que mi cuerpo muriera. Si esa parte de mí desaparecía, el resto podría vivir en paz.

Tenía nueve años. De nuevo empecé a rezar todas las noches para que Dios me matara. «Padre Nuestro que estás en los cielos, que mañana me haya muerto, pero solo del cuerpo, y a lo mejor así mamá no se enterará y no tendrá pena, por favor, porfavor, porfavorporfavorporfavor…»

Cuando llegaba la mañana y mamá me despertaba para ir al colegio, lo primero que sentía al oírla era una tristeza tan honda que la recuerdo casi física. En cuanto ella subía la persiana y se aseguraba de que me dejaba despierto para irse a preparar el desayuno, yo cerraba los ojos y muy despacio metía la mano por debajo de las sábanas y me tocaba el cuerpo. Allí estaban de nuevo: la tripa, el ombligo, la goma del pijama, el pene... Nada había cambiado.

Durante los meses que siguieron al final de los abusos, recé y recé para que Dios me dejara morir. Noche tras noche. A veces, si me olvidaba de hacerlo o me quedaba dormido antes de rezar, al día siguiente rezaba el triple. En mi lógica infantil, lo de los rezos y su efectividad era como lo de los puntos del Spar. Para que los puntos sirvieran y pudiésemos canjearlos por un regalo debía ser paciente, mamá tenía que guardarlos con cuidado en su cartera y luego teníamos que pegarlos bien en la cartilla que nos daba la señora Lourdes, porque si «me traéis una chapuza no me valen», decía. Así tenían que ser las oraciones para que surtieran efecto. Día tras día, sumando puntos hasta llegar a la cantidad acumulada que Dios consideraba suficiente y que yo desconocía porque eso quizá estuviera en la Biblia o en algún libro secreto que los hermanos debían de guardar en la capilla del colegio.

Nunca, que yo recuerde, recé por la muerte del hermano L. Y si no lo hice fue porque, enredado como estaba en aquel marasmo de confusión en que el mutismo de los adultos me había sepultado, yo seguía alimentando en silencio la ilusión de que el Hermano era un hombre bueno, aunque a veces me hiciera cosas que dolían y que no podían contarse porque no estaban bien. No quise su muerte porque todavía creía que él no había querido actuar así, que había sufrido tanto como yo cuando hacía esas cosas porque no podía evitarlo.

No quise su muerte porque me daba pena.

A veces rezaba por él a mi ángel de la guarda. Me quedaba

dormido pidiendo morir y también pidiendo que el Hermano volviera a ser el señor mayor y bondadoso que yo había conocido cuando se acercó a mí en el colegio, antes de que asomara aquel otro perfil frío e indiferente con el que había empezado a castigarme en público después de haberlo delatado con mi confesión. Nunca pensé en él como en un hombre malo, sino como en alguien que había cambiado conmigo por mi culpa, por un error mío que no comprendía porque era demasiado terrible para poder hablar de él.

Desde el interior de la campana de cristal en la que fui recluyéndome, empecé a convencerme de que, a fin de cuentas, era yo quien lo había estropeado todo, y ese «todo» incluía, cómo no, a papá. La indiferencia que mostraba hacia mí desde que yo había contado «lo mío» era el peor castigo, porque con ella confirmaba que mi difusa intuición de lo que en realidad había ocurrido —yo era el único culpable del cambio que había sufrido mi suerte— era acertada. Esa indiferencia, que se prolongó hasta que concluyó el curso, y su negativa a mencionar lo que había ocurrido con el Hermano terminaron poco a poco de sellar el cristal de mi campana.

Ahora sé que en los abusos infantiles lo más terrible no es el abuso en sí. Lo peor llega después, cuando el niño intenta entender y no encuentra a ningún adulto de su entorno de confianza que quiera aventurarse con él a analizar los porqués de esa parte de maldad que habita en la condición humana. Un niño abusado no solo necesita el alivio inmediato de un «no temas, no volverá a ocurrir». Lo que necesita es un «porqué» y claridad, mucha claridad. Necesita adultos que le ayuden a desenmarañar esa terrible madeja de confusión emocional que deja en nosotros haber sido usados y abusados como objeto de placer por alguien en quien confiamos y a quien queremos. Necesitamos que nuestros mayores se afanen en enderezar cuanto antes ese entuerto. De lo contrario, crecemos sin saber querer. Queremos mal porque nuestro referente, el primero, es ese: creemos que reconocemos a quien nos quiere cuando encontramos a alguien que nos usa como lo hizo quien nos enseñó a confiar.

Los niños y las niñas necesitamos que nos enseñen que hay maneras de querer que en realidad no lo son y que forman parte de un mundo adulto que en ningún caso debe ser el nuestro en el futuro. Todos los colegios sin excepción deberían tener escrita en las pizarras de todas sus aulas esta frase: «Si es amor, no duele. Si duele, no es amor».

A mí y a muchos hombres y mujeres que, como yo, no pudieron preguntar después de haber sido maltratados por el falso amor de un adulto perverso, nos habría ayudado haber podido recitarla desde pequeños, seguramente mucho más que tener que copiar mil veces «No hablaré en clase hasta que el hermano me pregunte» o memorizar y recitar delante de la clase «La canción del pirata» mientras un hermano frotaba sus partes contra el canto de nuestros pupitres.

Tanto… Nos habría ayudado tanto…

LA ÚLTIMA VERDAD

Caía la primera oscuridad de la noche sobre los campos de trigo y los bosques al otro lado de los ventanales del salón. En silencio, la mediana volvía a avivar el fuego en la chimenea. Fuera se había levantado brisa y el frío de la tarde nos había devuelto el marzo más invernal. Después de recordar a tía Mercedes y los días de agosto en que se instaló en casa con papá y con nosotros, revisitamos con la memoria algunos de los veranos que habíamos pasado en la casa que los abuelos —los padres de mamá— alquilaban en Sant Hilari de Sacalm, un lugar del que los tres seguimos guardando recuerdos que reconfortan el presente. Luego, antes de merendar nos dimos un respiro.

—¿Os apetece jugar una partida? —dijo de pronto la mediana, aprovechando que la mayor salía en ese momento del baño.

«Una partida» en nuestro lenguaje de hermanos significa una partida de Intelect, ese juego que ahora se llama de otra manera pero que funciona igual y que consiste en formar palabras con un puñado de letras, cada una de ellas con su propio puntaje. Jugamos, claro, aunque yo no soy especialmente amigo de los juegos de mesa. Pero ese juego en concreto forma parte de las cosas buenas que hemos sido y vivido juntos —lo jugábamos mucho con mamá, sobre todo al final— y nos habla de nosotros, de muchas imágenes en una. Terminada la partida, mientras merendábamos seguimos hablando de cosas nuestras, esos ríos comunes que solo comparten los hermanos que viven muy pendientes unos de otros. Así somos, o quizá es que nos hemos vuelto así, sobre todo desde que papá se marchó y nos dejó solos con mamá. Con su desaparición, papá provocó un reordenamiento de factores en la familia. El rompecabezas perdió una ficha, pero las que quedamos nos amoldamos fácilmente para que esa ausencia sumara y mamá la notase lo menos posible.

Sí, hay ausencias que suman, aunque para llegar a entenderlo tengamos antes que sufrir alguna que le haya restado un gran tramo de horizonte a nuestro presente. La de papá sumó. La de mamá, en cambio, es una derrota que nos ha dejado agotados. Se nos fue la veleta y no sabemos leer de dónde viene el viento. En días como hoy, la quietud es tanta y tan física que no hay veleta ni tampoco viento.

Terminada la merienda, hablamos justamente de eso, de mamá y su huella, y del bosque que desde su muerte estamos creando los tres hermanos para ella en un trigal vecino. Se acercaba el momento de plantar y llevábamos un par de semanas diseñando la placa con la que lo inauguraríamos en mayo, el día de su cumpleaños. Fue entonces, mientras decidíamos cuál era el lugar idóneo donde queríamos colocar la gran placa de hierro con su nombre, cuando hablé.

—El verano que vino tía Mercedes a cuidarnos fue el verano justo después de que pasara lo de mis abusos —dije.

Se quedaron calladas, calculando.

—¿Sí? —preguntó la mediana.

La mayor asintió.

—Es verdad —dijo. Cortó un trozo pequeño de bizcocho y se lo sirvió—. Yo tenía... ¿Qué edad? ¿Trece años? Madre mía, desde luego tienes una memoria...

Me serví un trozo yo también.

—¿Te acuerdas de que nunca bajé a la playa con tía Mercedes y contigo? —dije.

—Sí, claro —respondió—. Con el corte que tenías en la cabeza no te podías bañar. —Hizo una mueca que no supe leer—. De la que te libraste, la verdad.

La mediana empezó a liarse un cigarrillo mientras ponía su plato en el suelo y Trufa aparecía desde la habitación como un fantasma.

—¿Y qué hacías todo el día en casa y con ese calor? —preguntó mientras intentaba pegar el papel con saliva—. Pero te quedabas con papá, ¿no?

—Sí.

La mayor dejó el tenedor en el plato y se volvió hacia mí.

—¿Y tiene alguna importancia que la tía viniera el mismo verano de lo de tus abusos?

—Sí.

—Ah.

—Quiero decir... importa, pero no por tía Mercedes, sino por papá.

Ninguna de las dos dijo nada. Se miraron, sin entender.

—Ya os he dicho que quedaba algo por contar —dije.

—Es papá, ¿verdad? —preguntó enseguida la mayor. La mediana echó la ceniza en el vaso, pero no habló.

Asentí. Lo cierto es que no sabía cómo empezar. Contar a los tuyos, creo que ya lo he apuntado antes, es el paso más duro cuando la víctima decide hablar de abusos o de acoso en la infancia. La imagen, la propia, se juega mucho, se lo juega todo, porque aquellos a quienes más queremos, nuestros pilares, son a menudo lo único que tenemos o que creemos tener. Por eso a veces, cuando construimos el relato para ellos, intentamos suavizar los hechos, prologarlos al máximo, para darnos tiempo —a ellos y a nosotros— de asimilar. Nos protegemos y los protegemos. Hay demasiado en juego, demasiada vulnerabilidad, demasiado daño. Cuidamos de no herir a quien nos escucha porque desconocemos el alcance de lo que vamos a compartir. Contamos sin querer contar.

Y tenemos miedo del rechazo. De que no nos crean. Siempre.

Lo que compartí con mis hermanas esa noche no cambió nada, pero dejó una capa de ceniza sobre los tres que todavía pervive. No me he arrepentido de haberlo contado, porque tenían derecho a saberlo, pero sí me arrepiento de haberles hecho daño con la verdad, aunque el daño que papá hizo —nos hizo— en su relación con mamá no será nunca comparable con nada de lo que podamos sumarle.

Empezó así:

—Esas dos semanas que nos quedamos con papá y tía Mercedes en casa, papá no se portó bien conmigo.

No dejé que preguntaran. Me habría costado más seguir. Ni siquiera las miré. Me coloqué a Trufa en las rodillas y me concentré en ella, acariciándola con el índice entre las orejas para provocarle el sueño que sabía que iba a llegar. Papá no se portó bien, no. Tía Mercedes llegó para cuidar de nosotros mientras mamá y la mediana pasaban esas dos semanas fuera, porque alguien tenía que sustituir a mamá en sus quehaceres, no en sus afectos. Y tía Mercedes era buena haciendo. Queriendo no, queriendo era tan consumida como papá, menos hosca quizá, pero igual de torpe. Todas las mañanas, la mayor y ella partían para la playa después de desayunar. Lo dejaban todo recogido y se iban, tía Mercedes con su sombrilla y los bocadillos y la mayor con el bolso de playa azul.

Papá no desayunaba con nosotros. Se levantaba cuando ellas ya no estaban y se preparaba su desayuno, que tomaba en la cocina. Luego se vestía y salía a comprar el pan del día y el diario. Mientras tanto yo ya me había instalado en el sofá del salón con mi cuaderno de ejercicios de verano para completar la lección del día. Lo del cuaderno era una de esas rarezas mías que provocaba en papá una doble reacción. Me explico: yo era un niño muy estudioso. Como mis hermanas, sacaba siempre muy buenas notas, y llamaba la atención que, siendo uno de los primeros de la clase, pidiera al final de cada curso un cuaderno de ejercicios de verano para preparar el año siguiente. Papá no entendía lo del cuaderno, y a veces, al verme concentrado en él, hacía una mueca de fastidio y decía algo así como: «Anda, cierra eso y vete a jugar un rato a la calle, a ver si te aireas un poco y haces amigos». Curiosamente, su reacción era diametralmente opuesta cuando mamá y él tenían invitados a comer o a cenar en casa. Papá siempre sacaba lo de mi cuaderno y en un par de ocasiones me pidió que lo enseñara. Estaba encantado viendo cómo los tíos —así llamábamos a los matrimonios amigos de mis padres— le envidiaban la suerte que tenía con un hijo tan estudioso y cumplidor. Algunas veces, si la sobremesa se alargaba un poco, también me pedía que hablara en inglés. Lo que él no sabía, ni quiso saber después, es que yo pedía esos cuadernos porque temía tanto el curso siguiente que tenía que asegurarme de que llegaba preparado para cualquier sorpresa. Mi único asidero en el colegio eran mis notas, me agarraba a ellas para que hubiera algo en lo que nadie pudiera reírse de mí. Ese campo era el mío porque no dependía de nadie más, y lo cultivaba no con dedicación, sino con absoluta obsesión. Un nueve en un examen era una desilusión, un ocho era angustia. Yo necesitaba sobresalientes porque era el único triunfo constatable que podía ofrecer en casa. Mi cuadernillo de notas era mi escudo contra el desprecio de los demás. Estaba allí, escrito a máquina. «Este niño vale. No se rían de él.»

Por eso el cuadernillo.

Papá regresaba de su paseo matinal al cabo de un rato. Llegaba, se metía en la ducha y salía con el bañador puesto, se servía un whisky y unos berberechos y se instalaba delante de mí en su butaca a leer el periódico. La rutina siempre era la misma: el mismo whisky, la misma cajetilla de cigarrillos 1-X-2, la misma forma de empezar a leer el diario por el final. Pocas cosas sorprendían en las rutinas de papá.

La primera vez ni siquiera entendí. Papá y yo no hablábamos durante su aperitivo. Cada uno se concentraba en lo suyo, algunas veces en completo silencio y otras acompañados de las voces que se interrumpían en un radiocasete Sanyo negro y enorme que los abuelos nos habían traído de Andorra por Navidad y que tía Mercedes pretendía sin disimulo. Recuerdo la primera vez. Al pasar la página de mi cuaderno levanté la vista y me di cuenta de que papá estaba repantigado en la butaca, con la pierna derecha cruzada sobre la rodilla izquierda y que, debido a la postura, el bañador, que era como un pantalón corto dado de sí por el uso, dejaba a la vista sus partes. Enseguida retiré la mirada. Esperé un rato a volver a mirar. Él —cara y tronco— quedaba cubierto por el diario abierto, que solo cerraba para coger un berberecho o beber un poco de whisky. Recuerdo la sensación de extrañeza y también una incomodidad que iba ganando en intensidad y en cuerpo a medida que pasaba el tiempo y él no cambiaba de postura. Se me ocurrió que a lo mejor tenía que decirle algo, como cuando a mí se me quedaba la bragueta abierta y mamá o él mismo me decían que si me descuidaba se me iba a salir el pajarito y yo rápidamente me la subía; pero también pensé que a lo mejor aquello era normal, porque en la piscina de los abuelos, cuando nos cambiábamos, los hombres estaban desnudos delante de nosotros, los niños, y no pasaba nada. Como decía papá, «todos éramos iguales porque teníamos pito».

No dije nada. Dejé pasar el tiempo y él terminó de leer y se levantó. Recogió las cosas del aperitivo y entre los dos pusimos la mesa y calentamos la comida que nos había dejado preparada tía Mercedes.

El día siguiente ocurrió lo mismo: diario, berberechos, whisky, radio, cuaderno de vacaciones... y papá sentado en la butaca con todo a la vista. Pero esta vez vi que en algún momento se tocaba las partes. Fue un par o tres de veces, como si se las examinara, como cuando uno se mira una herida para ver si todo sigue bien, aunque distinto. No sé exactamente cómo describirlo desde el recuerdo, solo sé que yo intentaba no mirar y que me preguntaba si papá estaba enfermo o algo. La situación era tan violenta que no me atrevía tampoco a levantarme. Simplemente me quedé allí sentado con mi cuaderno, intentando concentrarme en el ejercicio que tenía por resolver, consciente en todo momento de que a un par de metros de mí tenía las partes de papá a la vista, asomando por debajo del periódico, como si estuvieran desconectadas del resto de él. O como si solo las viera yo, pero no fueran verdad.

No dije nada a la mayor. Me daba tanta vergüenza que preferí olvidarlo. Supuse que había sido un descuido, que papá ni siquiera se había dado cuenta.

Me equivoqué.

El tercer día las cosas cambiaron. La rutina también. Papá fue a por el pan y el periódico, aunque cuando salió de la ducha cambió el escenario. Dejó el aperitivo en la mesa de centro, se fue a su cuarto y regresó unos minutos después, pero lo hizo desnudo. «Con este calor no se puede vivir, así que hay que ponerse cómodos», dijo. Y luego, como si hablara con alguien que no estaba allí, añadió: «A ver si uno no va a poder ir en pelotas en su casa si le da la gana».

Y se sentó en la butaca. Y cogió el periódico. Y desapareció tras él.

De cintura para arriba.

A partir de entonces fue así hasta el último día que tía Mercedes estuvo en casa. Él se sentaba delante de mí desnudo y leía y tomaba tranquilamente su aperitivo mientras la radio sonaba en la mesita.

Y se tocaba.

Al principio fueron solo esos leves tirones como los que se dan algunos deportistas —sobre todo los futbolistas— cuando están en un momento de especial tensión, como si le molestara. Pero al poco la mano de papá se quedaba sobre su miembro, como apoyada en él, o entre las ingles y los testículos, hasta que a veces se los frotaba o los manoseaba.

Era como si estuviera solo. O, mejor, como si yo no estuviera allí con él. Cómodo, yo entendía que papá estaba cómodo sin tener a mamá y a mis hermanas en casa, y se permitía un poco de libertad en la que yo estaba incluido, pero para la que no contaba. A veces, bajaba el diario y me preguntaba: «¿Qué? ¿Cómo vas?», y si me pillaba mirándole parecía no darse cuenta, o fingía no hacerlo, no sabría decirlo. A mí me costaba concentrarme en lo mío, esa es la verdad. Veía el miembro de papá expuesto así, en un hombre como él, que incluso en los vestuarios se metía en la ducha envuelto en la toalla para no dejar nada a la vista, y sentía una mezcla de fascinación y de bloqueo. Yo había visto y tocado ya unos genitales de hombre adulto durante los episodios con el Hermano, pero no así, no expuestos así, para que los mirara, y no entendía si papá quería o esperaba que hiciera algo, como lo había esperado el Hermano.

Angustia. A medida que las mañanas con papá desnudo en su butaca iban repitiéndose, mi confusión fue en aumento, como fue también en aumento la tensión. Yo esperaba a papá concentrado en mi cuaderno de verano, fingiendo normalidad y deseando con todas mis fuerzas verlo salir del cuarto de baño con el bañador puesto. No volvió a ponérselo. Antes de cumplirse la primera semana, empezó a tocarse de otra manera. Ya no eran pequeños tirones muy de tanto en vez, sino que su mano se apartaba poco de sus partes, lo justo para pasar la página o para tomarse un trago del vaso. Con una mano aguantaba una página del periódico. Por debajo aparecía la mano libre, que masajeaba distraídamente los testículos y el pene, dándole pequeños golpes. A veces, bajaba el periódico y me miraba. Yo fingía que no me daba cuenta, pero estaba pendiente de él en todo momento, entre asustado y violentado, y también hipnotizado por la escena, porque de algún modo que no lograba entender sentía que papá me pedía que hiciese algo con él, que me acercara y lo tocara como ya lo había hecho con el Hermano. Había una llamada.

El domingo —no sé por qué soy capaz de recordar que era precisamente domingo, pero sé que es así— papá se masturbó por primera vez. Me gustaría poder decirlo de otra manera, aprender a suavizarlo, porque, aunque parezca extraño, sigue avergonzándome hablar así de mi padre y también de mí, pero todos estos años me han enseñado que suavizar la verdad no la hace menos fea ni menos terrible.

Todo transcurrió igual que los dos días anteriores —la ducha, la butaca, el diario, el manoseo sincopado y aparentemente distraído— hasta que una de las veces que levanté la mirada papá ya no se limitaba a tocarse, sino que había empezado a masturbarse. Despacio, no erecto, como si no fuera exactamente esa su intención. Su mano, que aparecía como un miembro sin cuerpo por debajo del diario, había empezado a masajear el pene, que iba sufriendo el mismo cambio que había visto en el del Hermano durante las sesiones que había vivido con él en su cuarto. Poco a poco, papá fue masturbándose mientras seguía a lo suyo, sin cambiar un ápice de su rutina. Paraba para beber whisky o comer unos berberechos, o a veces hacía algún comentario al aire sobre algo que acababa de leer, como si estuviera escindido en dos partes: por un lado, estaban papá y la mañana de lectura y ejercicios que compartíamos los dos, y por otro estaban su mano y sus genitales, activados para mí, como si aquello me estuviera dedicado en exclusiva, independiente de su voluntad.

Así fue a partir de ese domingo hasta la vuelta de mamá. Papá se masturbaba delante de mí, a veces asomando la cabeza para mirarme y preguntar: «¿Cómo vas? ¿Qué te toca hoy, lengua?» y volver a desaparecer tras el periódico mientras su pene y su mano se movían rítmicamente, primero sin ruido y después acompañado el movimiento por un chasquido sordo y líquido que lo lubricaba. Su mano era lo único que se movía en el salón. Todo lo demás quedaba suspendido sobre un hilo que yo temía romper con cualquier movimiento, todo era frágil, todo podía fallar. Yo sentía y pensaba tantas cosas a la vez que una de las que recuerdo era que oía tan alto el volumen de los latidos del corazón en los oídos que tenía miedo de que papá fuera a oírlos también y se enfadara o me pidiera que me sentase con él en la butaca o mil cosas más que iban pasándome por la cabeza mientras aquello duraba.

Terminados el whisky y los berberechos, papá cerraba el periódico con un suspiro, lo doblaba sobre el brazo de la butaca y, totalmente erecto, recogía el vaso y el plato y los llevaba tranquilamente a la cocina. Después iba al cuarto de baño y, sin cerrar la puerta del todo, se metía en la ducha, donde pasaba un buen rato. Salía del baño vestido y de buen humor. Enseguida calentábamos la comida que nos dejaba tía Mercedes mientras él veía el telediario y luego se iba a dormir la siesta a su cuarto mientras yo me iba al mío a jugar con el Lego o a leer.

El día que mamá y la mediana por fin volvieron de casa de los abuelos, caí enfermo con una infección de oído que me dejó sin poder bañarme en lo que quedaba de mes. En cuanto tuve a mamá en casa, volví a mojar las sábanas de noche y llegaron las pesadillas. No sé qué es lo que adivinaría en mí a su regreso, pero no recuerdo que mamá volviera a dejarnos solos con papá durante unas vacaciones. Lo que sí sé es que papá jamás volvió a hacer lo que hizo conmigo durante esos días y que yo quise enterrarlo, sin éxito, en un cuarto oscuro y mudo de mi memoria para no tener que compartirlo con mamá. Si vuelvo a esos días tan violentos, lo primero que me embarga es una sensación de tristeza casi sólida que cayó sobre mí durante el resto del verano, porque de algún modo había entendido que el perdón que yo esperaba de él por haberle fallado al acusar al Hermano meses atrás no iba a llegar ya. El asco y el enfado que había provocado en papá con mi comportamiento seguían allí y esa mancha ya nada iba a borrarla. Y lo peor, lo que aún hoy me desazona, es que, aunque me aterre confesarlo, todavía hay una parte muy pequeña de mí que a veces, muy pocas, se pregunta si quizá —y solo quizá— el niño que yo era habría conseguido su perdón si una de esas mañanas de aquel agosto me hubiese levantado y me hubiera sentado con él en la butaca y hubiera hecho con mi padre lo mismo que el Hermano me obligaba a hacerle en el colegio.

La respuesta es sin duda mucho más terrible que la duda.

HILOS DE LUZ

Los años que siguieron al período de los abusos fueron quizá los peores, o lo son al menos en el recuerdo. He dicho ya que es frecuente que los menores abusados sean además víctimas de acoso escolar. Yo no he tenido esa información hasta hace poco y saberlo y entenderlo me ha ayudado a explicarme cosas que hasta entonces no había conseguido hilar.

La dinámica apenas suele variar y en mi caso fue como sigue: cuando por fin me atreví a confesar lo que estaba ocurriendo con el Hermano y mis padres informaron de los hechos al colegio, mi situación en clase fue otra. El cambio fue además inmediato. De pronto pasé de ser el favorito del Hermano a verme relegado a un ostracismo que él se encargó de hacer evidente en todo momento. Se acabaron los privilegios de los que había disfrutado durante el curso y, con ellos, los elogios habituales a mis redacciones, a mi caligrafía, a mi facilidad para la lectura en voz alta… En suma, me vi sumido en la invisibilidad. Lo que hasta el día anterior había sido ejemplar carecía ya de valor. Si levantaba la mano para responder a alguna pregunta, el Hermano nunca me daba la palabra. Cuando alguien se reía de algo que yo decía, de un gesto o de un error, ya no llegaba ese primer aviso, esa mirada de advertencia que lo silenciaba todo. Nada. Yo ya no existía salvo cuando el Hermano me sacaba a la pizarra. Y entonces llegaba lo peor: conocedor de mi extrema timidez y de mi terror a la exposición ante el grupo, utilizaba cualquier excusa para tenerme allí, encima de la tarima, recitando un fragmento de uno de esos poemas épicos que en aquella época nos hacían memorizar y dramatizar y que yo vivía como una penitencia. Volvía a estar solo ante el enemigo. El castigo era ese. Yo había hablado y la alianza estaba rota. Durante el año que había vivido bajo su protección había respirado tranquilo. Las burlas, las collejas, el robo del bocadillo, el incesante goteo de heridas sobre mí en el colegio habían desaparecido y con ello también la angustia, o gran parte de ella. Había sido un año de tregua en la guerra con los míos, amparado por la seguridad que me proporcionaba el paraguas protector del Hermano. Desaparecido ese escudo, poco tardó en llegar el efecto llamada. El protegido se había quedado solo entre el grupo y este, contenido hasta entonces pero siempre vigilante, no tardó en oler en el aire su indefensión.

Los tres años que siguieron a mi confesión fueron un ejercicio de supervivencia en soledad y en silencio. No quiero volver a los detalles, a lo que viví durante esos tres cursos, porque incluso ahora me veo desde la distancia y lo que siento es una pena terrible por ese niño que vivía esperando ser capaz de aguantar hasta terminar el colegio y encontrar una vida nueva en el instituto. Siento mucha pena por el niño que fui, sobre todo porque es tarde para que me escuche. Ese Alejandro vivió encogido en su campana de cristal desde los nueve hasta los trece años, fingiendo que lo malo había acabado y que, con esfuerzo y aguante, podía ser otro, una imagen más fiel y cercana a lo que creía que el mundo esperaba de él.

Silencio. El secreto fue el silencio: que nadie oyera, que nadie supiera. Durante muchos años he vivido convencido de que fue peor el acoso de esos años que los abusos que sufrí en manos del Hermano, porque desde un principio supe que quizá no terminaría cuando dejara atrás el colegio si mis compañeros seguían conmigo en el siguiente centro y porque salir indemne de aquello dependía de mí, de mi capacidad y de mi fortaleza.

Confesar en casa o a la dirección del colegio lo que vivía en clase era reconocer que el fallo estaba en mí, que quizá sí era cierto que había algo en mí que provocaba en los demás cosas que solo yo hacía aflorar en ellos. Confesar era arriesgarme a que, antes o después, el resultado fuera incluso peor que el que había conseguido con la confesión inicial de los abusos y yo no podía arriesgar tanto.

Decidí callar. Si confesaba en casa lo que vivía en clase, papá reviviría una vergüenza cuyas consecuencias me aterraban y mamá volvería a sufrir por mí, volvería a hacerle daño.

Podría hablar largo y tendido sobre esos tres años, pero ahora que ese desierto quedó atrás prefiero revisitarlo lo justo. Recuerdo, eso sí, que durante aquel tiempo ocurrieron algunas cosas que ayudaron a que la campana de cristal que hasta entonces había ido encapsulándome contra el ruido exterior se sellara definitivamente sobre mí. Lo primero fue la desaparición del Hermano. A la vuelta del verano, este no volvió a acercarse a mí. Si me veía, me trataba como si nada hubiera ocurrido, como a uno más, o ese es al menos el recuerdo que conservo ahora. Su ausencia fue un alivio que agradecí, pero también el titular de un mensaje que no me costó entender: cualquier posibilidad de que —en esa bondad que yo todavía creía que él tenía cuando no abusaba de mí— volviera a ayudarme y a defenderme del grupo con su presencia había desaparecido. Entendí que las reglas habían cambiado definitivamente y que yo llevaba las de perder.

Ocurrieron dos cosas más durante esos años. Una de ellas fue que conseguí convencer a mis padres para que me sacaran del comedor. Autobús y comedor son dos de los territorios más aterradores cuando eres un niño acosado y, aunque no fue fácil, verme libre de esa amenaza que me había atormentado durante todo el verano fue casi un milagro. El problema era que, como no me daba tiempo de volver a casa a comer y mamá trabajaba todo el día en la oficina con papá, tenía que quedarme a comer en un frankfurt del pueblo donde ofrecían un menú con sopa y ensaladas. No puedo recordar ahora si comía allí todos los días, pero si no lo hacía a diario, sí a menudo. Mi menú no variaba: un bocadillo de beicon con queso o uno de tortilla, una naranjada y un yogur. Comía en media hora, ahorrándome la mitad del dinero que mamá me daba para el almuerzo, que después gastaba en libros. El resto del tiempo —sus buenas dos horas durante el mediodía hasta que empezaban las clases de la tarde— lo pasaba vagando por el pueblo o haciendo los deberes en un búnker que había en la playa, cerca de la estación. Me instalaba allí y adelantaba las tareas que nos habían mandado en las clases de la mañana. Cuando terminaba, leía. Leía sin descanso. Releía mi biblioteca de Enid Blyton, mezclando aquellos mundos de internados ingleses y aventuras de *Los Cinco* en verano con las novelas que sacaba de casa. Probaba con cualquier cosa, buscando en la lectura algo que todavía no tenía nombre y que —de eso estaba seguro— reconocería en cuanto lo viera. Muchas veces me llevaba a hurtadillas de las estanterías de mi madre títulos de autores y autoras que un niño de esa edad apenas podía entender —Salisachs, Martín Vigil, Ana María Matute, Delibes—, y aun así no me rendía. Entendía poco, cierto, pero captaba algunas frases aquí o un diálogo allá que decían cosas que tenían sentido, allí había «algo» que me atrapaba, el eco de una respuesta a una pregunta que yo no tenía formulada todavía, una ventana aún cerrada. Fue esa época, a cubierto en aquel búnker semiderruido de piedra que colgaba sobre la playa, cuando mi curiosidad lectora se transformó en voracidad, la misma con la que he vuelto a sumergirme en la lectura muchas veces desde entonces. El Alejandro lector que soy ahora, mi forma de acercar la mano a un libro en particular y no a otro, pidiendo un algo que no sé pero que sí sé, nació durante esos mediodías de silencio y, sí, también de orfandad. Era un niño de once años que desaparecía en la playa durante dos horas al día sin que nadie supiera dónde estaba. Podría haberme ocurrido cualquier cosa —había que cruzar las vías, comer solo, atravesar la carretera general (no siempre lo hacíamos por el paso de peatones) y esperar que el búnker no estuviera ocupado por quienes lo visitaban en mi ausencia—, pero eso lo sabe el Alejandro que escribe estas líneas, no el de entonces. Para mí esas dos horas eran el refugio que me protegía de todo aquello que no era yo, y si alguien —mis padres, los hermanos, quien fuera— me hubiera reprendido por desaparecer así, sin dejar ningún rastro que pudiera llevar a mí, seguramente le habría respondido con toda la inocencia que tenía en esos años y también con la verdad.

—Pero es que yo no estoy —les habría dicho—. Cuando leo, no estoy.

Estaba a salvo. Eso quería decir.

Creé un mundo propio en el que mi cuerpo no importaba, no era necesario para relacionarme. Bastaba con la vista y con el silencio para ser ese otro que sentía, reía y descubría el universo adulto entrando en él por la palabra escrita, y esa ventana me permitía calibrar el ritmo de acercamiento, los tiempos y las intensidades. Encontré una casa en aquel búnker, mi casa. Es increíble que sea ahora —y cuando digo «ahora» me refiero al momento exacto en el que escribo estas líneas— cuando entiendo que no fue casualidad que todo eso ocurriera precisamente en un búnker real —ahí debe de seguir, supongo—. Más increíble aún es que, mientras escribo y miro a mi alrededor, contemplando el trigal recién segado y salpicado de encinas y robles que nace justo bajo mi ventana, siento que, cuando finalmente terminaron esos años difíciles en el colegio y no tuve que volver a pisar ese lugar, una parte de mí se quedó refugiada allí, acostumbrada a esa intimidad. Y siento también que no es casualidad que haya encontrado mi lugar en el mundo en este pequeño rincón rural alejado de todo en el que habito, con la estufa de leña, las gruesas paredes de piedra y la soledad y el silencio, que son los que mecen aquí el tiempo.

«Somos la suma de todo lo que hemos sido y de todo lo que no pudimos ser. Todo eso somos, Jandro», decía mi abuela.

Mi abuela tenía razón. Suelen tenerla.

Las abuelas, digo.

La mía, cuando era pequeño y me quedaba a dormir en su casa, dejaba que me disfrazara con sus vestidos y después de cenar me llevaba con ella a su cuarto de baño y me sentaba a su lado mientras ella se desmaquillaba. A mí me relajaba tanto que a veces me quedaba dormido con la cabeza apoyada en el lavamanos.

—Que no se entere tu padre —decía cuando me ponía sus collares y sus anillos al tiempo que me contaba dónde había comprado cada joya o quién se la había regalado. Cada pequeño tesoro que habitaba en su joyero tenía una historia propia y la abuela me la contaba como se la habría contado a un adulto, tal como era, y a mí esa forma de contar, tan clara y tan de verdad, me tenía embelesado, porque con ello conseguía que fueran las cosas en sí mismas las que tuvieran su propia magia. Todo lo que había en aquel joyero rojo, desde el anillo de brillantes hasta el pendiente más minúsculo o el gemelo impar de lapislázuli del abuelo que nunca recordaba cómo había ido a parar allí, eran mágicos a mis ojos porque estaban llenos de pasado, tenían una vida íntima que solo la abuela y yo conocíamos.

No hacía falta inventar para contar, ese fue el mensaje. Era la forma de contar de la abuela lo que añadía ese no sé qué único, ese aire propio que tenían sus cosas. Era el cómo, no el qué. Fueron esos años de tardes y noches con ella, escuchándola contar, los que construyeron en mí un andamiaje, una música en el relato que ha modulado gran parte del escritor que soy. Cuando escribo, la oigo contar en mi cabeza, como si en realidad yo pusiera las manos y ella la voz, viva aún, viva siempre.

En aquel entonces ninguno de los dos podía imaginar que sería ella quien, sin pretenderlo, convertiría años después mi curiosidad lectora en algo más, abriéndome una puerta que yo llevaba buscando desde que encontré aquel búnker donde refugiarme. Quizá fue un accidente —cómo saberlo ahora—, aunque la vida me ha enseñado que los accidentes repetidos son trozos de un mismo espejo que vamos encontrándonos en el camino, piezas de una única imagen.

Hay quien lo llama magia.

Lo que hizo la abuela años después —cuando yo ya había cumplido los catorce— fue tan sencillo y arriesgado a la vez como lo es el simple acto de regalar un libro. A mí. Curiosamente —y de nuevo es ahora cuando, en este ejercicio de memoria, caigo en la cuenta—, todos los libros que de algún modo han cambiado el rumbo de mi vida en el momento en que más lo necesitaba han sido regalo de una mujer.

Recuerdo el día. Era invierno y era domingo. Los abuelos habían venido a casa a comer. Celebrábamos algo, no sabría decir qué. Por la tarde, mientras papá y el abuelo dormían la siesta, después de que las mujeres terminaran de recoger la mesa y fregar los platos —sí, así era entonces y me temo que así sigue siendo en muchas casas—, la abuela se deslizó hasta mi cuarto con un paquete en la mano. Se sentó en la cama y me lo dio.

No me hizo falta preguntar qué era.

—Te gustará —dijo—. Mucho. Verás.

Hay en mi vida un antes y un después de ese día, de esa tarde y de ese momento. Hay una vida antes y una vida después de las abuelas en la de muchos de nosotros, y en nuestra supervivencia. La mía no solo me regaló un modelo de persona adulta que antepuso siempre el amor por el otro a las expectativas que pudiera tener puestas en él, sino que además me entregó en mano un talismán que aún hoy conservo.

No se quedó a ver cómo desenvolvía el regalo.

Lo primero que vi fue el medallón: dos serpientes unidas por la boca y la cola, dibujando un infinito perfecto. En el centro, el título. Todavía ahora, al contarlo, siento el hormigueo en la espalda y la emoción, esa sensación de estar a punto de descubrir algo importante, un nuevo joyero regalo de la abuela, pero ese solo mío. Y recuerdo esas primeras palabras que todavía hoy resuenan en aquel preadolescente tumbado en su cama, con el papel pintado de la pared habitado por unas motos que papá había impuesto en su día y el perfume de la abuela todavía flotando en el aire.

La historia interminable.

No esperé. Abrí el libro y empecé a leer.

Y enseguida llegaron los peldaños de esa escalera que iba a llevarme hasta el otro lado. Solo soy capaz de definirlo así: «El otro lado». Los tres primeros escalones fueron las tres primeras pistas que borraron toda duda, fragmentos de ese prólogo/espejo en los que me reconocí:

> El causante del alboroto era un muchacho [...] de unos diez u once años [...] colgada de una correa, llevaba a la espalda una cartera de colegial. Estaba un poco pálido y sin aliento [...] como clavado en el suelo.
>
> Ante él tenía una habitación larga y estrecha [...]. En las paredes había estantes que llegaban hasta el techo, abarrotados de libros de todo tipo y tamaño. [...] En algunas mesitas había montañas de libros más pequeños, encuadernados en cuero, cuyos cantos brillaban como el oro.

¡Una librería de viejo! ¡Y llena hasta los topes! No como la de la señora Estela, que apenas disponía de unos pocos ejemplares expuestos en el mesón, rodeados de revistas, periódicos, gomas y bolis y esos dos gatos negros que no te dejaban tocar nada y que aparecían en cuanto te acercabas a pagar. ¡Y el niño, con su cartera y sus once años! ¡Ese niño era yo! Recuerdo la excitación cuando entendí que aquella era una librería de verdad, un lugar que no estaba en Inglaterra ni en la Edad Media, sino que existía seguro, a saber si en Barcelona. Seguí leyendo hasta descender al siguiente escalón.

> —Vamos, habla —dijo el señor Koreander—. ¿De quién huyes?
>
> —De los otros.
>
> —¿De qué otros?
>
> —Los niños de mi clase.
>
> —¿Por qué?
>
> —Porque… no me dejan en paz.
>
> —¿Qué te hacen?
>
> —Me esperan delante del colegio.
>
> —¿Y qué?
>
> —Me llaman cosas. Me dan empujones y se ríen de mí.
>
> —¿Y tú te dejas?

Sentí como si algo me estallara en el pecho y tuve que dejar de leer. En efecto, era yo, ese niño era yo, o si no lo era eso quería decir que había otros como yo. O quizá no, quizá simplemente había en el mundo un adulto que sabía que yo existía. ¡Había alguien que sabía! No puedo describir mi estado en aquel momento. Ahora entiendo que, como a mí, debió de ocurrirles lo mismo a cientos, miles de niños en todo el planeta, pero eso lo sé ahora. En aquel momento, tras años de silencio y de ocultamiento, ya instalado en mi campana de cristal, aquello era un milagro.

Bastian. Se llamaba Bastian. Bastian Baltasar Bux.

Cuando conseguí tranquilizarme, retomé la lectura. Mamá y la abuela habían salido a pasear y los hombres seguían durmiendo la siesta, seguramente con la radio encendida, escuchando el fútbol. No pasó mucho tiempo hasta que me di de bruces con el tercer escalón. La tercera pista.

> —¿Qué te llaman para burlarse de ti?
>
> [...] Bastian titubeó antes de hacer una enumeración.
>
> —Chiflado, cuentista, bolero...
>
> —¿Chiflado? ¿Por qué?
>
> —Porque a veces hablo solo.
>
> —¿De qué, por ejemplo?
>
> —Me imagino historias, invento nombres y palabras que no existen, y cosas así.
>
> —¿Y te lo cuentas a ti mismo? ¿Por qué?
>
> —Bueno, porque no le interesan a nadie.
>
> [...]
>
> —¿Qué dicen a eso tus padres?
>
> [...]
>
> —Mi padre no dice nada. Nunca dice nada. Le da todo igual.

Ahí estaba. Era yo o un niño como yo. ¡Y acababa de empezar! No oí llegar a mamá y a la abuela y ni siquiera salí a despedirme de los abuelos cuando se marcharon. Seguí leyendo, absorto y paralizado, intuyendo ya lo que acabaría descubriendo de mí en aquella historia.

Tres días. Tardé tres días en llegar a ese momento en que la Hija de la Luna recibe a Bastian al otro lado de la realidad, en Fantasía, y fue entonces, por primera vez, cuando sentí que había una ventana por la que se podía escapar, un universo que me escuchaba y que participaba de mí como yo de él. Vi la ventana y el texto que cambiaba de color y sentí que podía ser, que había una vida más allá de la vida y que estaba en los libros.

Fue en el tren, de camino a casa desde mi nuevo colegio, y no podía dejar de llorar mientras seguía leyendo. Lloraba de alivio en mi asiento, junto a una señora con un bebé que a veces me miraba sin saber qué decir, y en ese momento me habría abrazado a mamá para decirle que ya estaba, que ya lo había entendido, que no me iba a morir porque había otra pantalla en el juego en la que sí había sitio. Lloraba despacito, sin dejar de leer, tan fascinado y agradecido por tener conmigo a Bastian y a Atreyu que podría haber seguido sentado en ese tren hasta que de la página en la que estaba inmerso hubieran dejado de salir esos hilos luminosos que se arremolinaban en el aire del vagón, dándole a la luz un tono distinto. Quizá no fue así y yo lo recuerdo así, quizá fue sencillamente que la luz del mar reflejada en los cristales sucios de aquellos trenes azules de cercanías creaban esos zarcillos blancos en los asientos de escay. Qué más da eso ahora. Qué importa nada cuando, tras años de búsqueda y esfuerzo a tientas, un niño entiende que no está solo ni loco y que por fin sabe dónde buscar quien le ayude a seguir.

Todo cambió, sí. Aunque no lo supe entonces, *La historia interminable* trajo consigo un hambre de lectura distinta. Había encontrado la ventana y, vivido el terrible duelo que dejó en mí su final, decidí que no podía volver a cerrarla. Quise más, sentir cosas parecidas a aquella, quise compañía parecida. Y llegaron entonces otros libros que volvieron a llenar el aire de esos hilos de luz que no eran explicables, mucho menos compartibles. Llegó Ursula K. Le Guin con *Historias de Terramar* y al mago Ged le siguieron *Momo*, también de Ende, *El muchacho persa* de Mary Renault, *Memorias de Adriano* de Marguerite Yourcenar y muchas, muchísimas otras. Sin embargo, quizá con la salvedad de la obra de Le Guin, siempre me he sentido huérfano de Atreyu y de Bastian. Con ellos aprendí a estar dentro de una novela, sentí que un libro me necesitaba tanto como yo a él, que alguien lo había escrito para mí y que por primera vez mi mirada importaba tanto como para que la imaginación del mundo no muriera... El duelo por ese libro duró el tiempo que tardé —años, fueron muchos años— en entender que lo que de verdad ansiaba no era tanto volver a experimentar con la lectura lo que había sentido esa primera vez. Había algo más, más vital: quería traspasar la ventana y conseguir provocar eso mismo en los demás, hacerlo yo, a mi manera. Esa magia tenía que venir de mí y esa fuerza también.

Y llegaron, magia y fuerza llegaron un año después, durante el verano, la tarde que, tras mucho insistirle, mi madre accedió a dejarme el libro que la mayor y ella habían estado leyendo prácticamente a la vez y que llevaban comentando desde hacía unos días, visiblemente impactadas.

—No lo entenderás —me advirtió la mayor, que por aquel entonces acababa de entrar a la universidad—. No es para tu edad.

Mamá estuvo de acuerdo con ella, pero finalmente no se opuso a que lo leyera.

—Tú decides, Jandro —dijo—. A ver qué te parece.

No era para mi edad, cierto. No era para ninguna edad y para todas, porque la verdad que hay en *Un hombre* de Oriana Fallaci es tan cruda y carnal que cuando terminé de leerlo —costó, sí, pero lo devoré en poco más de un par de semanas en casa de los abuelos— se lo devolví a mamá habiendo entendido algo terrible: que la diferencia mata y que salirse del camino, si uno quiere llegar al final, tiene su precio. Supe que mi vida no iba a ser más fácil de lo que lo había sido hasta aquel día: vi —me vi— que iba a ser difícil, más incluso de adulto.

He releído *Un hombre* dos veces desde entonces, la última hace un par de meses, mientras rodaba un documental en Tenerife, llamado precisamente así, *Un hombre*, en honor al libro. Y si el impacto que la obra de Fallaci ha dejado en mí ha sido siempre idéntico, su lectura ha variado con los años. Es un libro que evoluciona con el lector, un compañero de viaje vivo que nos recoloca en lo que importa y en lo que somos con una honestidad poco frecuente. Y aunque no soy quién para dar consejos, no puedo evitar pensar que todos deberíamos leerlo una vez en la vida y aprender que la integridad personal es el camino más difícil y el más solitario, y que sin el ejemplo de hombres y mujeres como su protagonista en el que mirarnos, será fácil olvidar que no hay bien más preciado y precioso en la vida que la libertad.

Nada más peligroso.

Con su regalo, mamá me concedió sin saberlo esa fórmula mágica y valiente que años más tarde se convertiría también en mi sello. Así, de *Un hombre* nacieron *Una madre*, *Un perro*, *Un amor*, *Un hijo*, *Un cerezo*…, todos ellos el eco consciente de esa valentía y honestidad que nace en la Fallaci y que yo intentaré mantener vivo mientras me sea posible. Pero no fue ese el único regalo. El libro traía consigo un conjuro que yo sí entendí entonces, a pesar de mi edad: «Te atacarán no por ser débil, ni demasiado alto o torpe, no por sensible, afeminado o tímido, ni siquiera por tener éxito... Te atacarán por ser un hombre libre, libre incluso cuando te hayan privado de tu libertad».

Ahora, si vuelvo la vista atrás e intento responder a la última pregunta que acaba de pasarme por correo el periodista de un medio argentino, pienso en todos los Alejandros que he sido hasta ahora —el niño violado, el acosado, el adolescente encapsulado, el joven inseguro, el hombre solo— y siento que, a pesar de todos esos yoes —o quizá por ellos—, he sido un privilegiado. Todo eso soy, es cierto, pero sobre todo soy un hombre libre que todavía pelea por aprender a gestionar esa libertad para que la esfera de la imaginación no desaparezca y poder dejar a mi muerte un mundo un poco mejor del que encontré al llegar. Sonrío al releer la pregunta del periodista: «Entonces, ¿usted se definiría como un alma torturada?».

Un alma torturada. No es la primera vez que me hacen esa pregunta. Supongo que eso me pasa por haber confesado a menudo que soy una de esas personas que cuestiona su vida —lo que decido, lo que sueño, mis relaciones, mi forma de estar en el mundo— cada veinticuatro horas. Pero eso no es tortura, ese es el ejercicio de libertad que a mí me hace mejor, que nos hace mejores. Tortura sería vivir sin darnos cuenta de lo que vivimos, borrar los recuerdos para que no duelan, pasar por la vida sin haber pasado por ella.

«No, no soy un alma torturada», le contesto por fin. «Fui un niño maltratado por una de esas almas, un niño que con los años se ha convertido en un hombre empeñado en no dejarse convencer de que el camino difícil es siempre el equivocado y de que la vida es solo lo que es. No es cierto. La vida no es solo lo que es, sino sobre todo lo que sentimos que es.»

Solo eso.

INTIMIDAD, DICE

Fue una de las primeras preguntas. De hecho, suele serlo, aunque en la mayoría de los casos los periodistas no saben cómo formularla y, ante la incomodidad, acaban utilizando un genérico más o menos neutro que suena así: «¿Cómo dirías que afectaron a tu vida íntima los abusos que sufriste en la infancia?». Sé que la pregunta no es fácil, pero darle una respuesta lo es mucho menos, y no porque me cueste hablar de nada que tenga relación directa con mi vida, sino porque entiendo que de lo que realmente quieren hablar cuando llega esa pregunta es del sexo, de qué es lo que ocurre en el apartado sexual-afectivo de la víctima cuando el niño —hablo en masculino porque me refiero a mi caso en concreto— se convierte en hombre.

No, la pregunta no me ofende ni me molesta. Al contrario, la entiendo. Hay que hablar de ello como hay que poder hablar de todo, siempre. La curiosidad es siempre bien recibida y sin duda la pregunta tiene su razón de ser.

Sin embargo, está mal planteada.

Mi vida íntima —y hablo aquí exclusivamente por mí— no es mi vida sexual. La intimidad es mi relación conmigo, el diálogo que entablo con Alejandro a diario. Intimidad es lo que me da la cordura, esas conversaciones que mantengo a diario conmigo y en las que me cuestiono quién soy, qué quiero, qué siento. Yo soy un hombre que apuesta por la vida a diario. Todas las mañanas, al despertar, antes de levantarme de la cama recorro el paisaje que me acompaña desde el otro lado de la ventana y me hago una sola pregunta: «¿Quieres vivir este día? ¿Puedes?». La respuesta no siempre es «sí», aunque desde que soy un hombre adulto nunca ha sido «no». Ha habido dudas a menudo, pero al final la apuesta ha llegado. Eso es para mí la intimidad: ese «yo/mí/me/conmigo» que me mantiene con vida, y no aquello que mantenemos oculto de los demás. Intimidad no son nuestros recuerdos de infancia, no es lo que tememos que nos avergüence si quedamos expuestos en público, ni con quién nos acostamos. Eso es parte de nuestra biografía y supongo que por ello nunca me ha resultado comprometido compartirlo. Es parte de mí, son hechos, como lo es el nombre de los colegios en los que estudié —que, por cierto, fueron cinco— o como lo es mi confesión religiosa —soy apóstata, pero de los de verdad, de los que se enfrentaron a los veintipocos años a un papeleo infernal perversamente diseñado para que el solicitante terminara por aburrirse y desistir—. El error aprendido es confundir biografía e intimidad. No son lo mismo. Nunca lo fueron.

Intimidad es (a) todo aquello que ni siquiera nos atrevemos a compartir con nuestro terapeuta y (b) todas esas cosas que todavía no hemos descubierto sobre nosotros mismos.

Nuestra cara B.

Por mi vida íntima, pregunta el periodista. Relaciones de pareja. ¿Cómo es la vida en pareja (sexual, aunque no solo) de un niño que ha sido agredido sexualmente por un hombre que lo utilizó como objeto de placer propio, culpándolo y haciéndolo además responsable por ello? ¿En qué clase de adulto se convierte tras haber entendido que su cuerpo está sucio, porque provoca un deseo insano en un adulto? ¿Cómo puede alguien aspirar a una vida sexual sana si desde los ocho años ha vivido preso del terror constante al contacto físico de un abrazo? ¿Cómo vive su cuerpo quien ha crecido convencido de que la única forma de ser querido es la que aprendió de su agresor, que confunde amor con maltrato y que busca repetir esa clase de modelo en los hombres con los que se relaciona?

Preguntas. Decenas. Cientos. La lista es tristemente interminable.

Discapacidad. Esa es la respuesta que engloba todas las posibles. Minusvalía. Amputación emocional.

Vivo —y así lo he hecho durante toda mi vida adulta— preso de un terror casi fóbico al momento de desnudarme delante del otro y compartir «intimidad» con él, consciente desde un principio de que no hay posibilidad de pareja sin que el sexo entre en la ecuación. He tenido parejas, unas cuantas, y aunque sé que esto resulta chocante —y, si me leen, seguramente a ellos se lo resultará mucho más—, el sexo para mí siempre fue un medio, nunca un fin en sí mismo. El precio que pagar por tener junto a mí a un hombre con el que había forjado una relación era el sexo y yo lo aprendí desde muy pronto. Si quería que la relación no desfalleciera, la intimidad —*esa* intimidad, la física— tenía que funcionar sí o sí y yo lo sabía. Sabía también que llevaba las de perder, que mi sexualidad amputada era mi punto débil, y por ello desde un principio puse todo mi empeño en convertirme en un buen amante, un dador de placer, un actor al servicio de las fantasías del otro.

Pero nunca quise estar ahí. Esa es la verdad.

Siento mucho decir esto. Me duele, me duele por ellos, por algunos de los que han estado a mi lado, pero sobre todo me duele por mí. No quise, no. No sabía relajarme, era pura mecánica, el buen hacer del alumno aplicado. Pero el Alejandro que habita mi intimidad nunca estuvo. Nunca me he fiado de quien dice quererme y me mira con unos ojos en los que asoma una mirada que yo no sé leer, porque siempre he sentido que yo no lo valía, que el Alejandro que ellos veían no se correspondía con el real.

El real estaba sucio. El real no entendía que alguien pudiera quererle sin hacer nada más que ser él mismo.

Desde que empecé a tener eso que, por recato, mucha gente llama «vida íntima», en cuanto empezaba una relación yo asumía enseguida el papel de consejero. Era el que siempre está, el que escucha y consigue que el otro confíe en sí mismo y crezca, explorando sus posibilidades. Aunque fueran mayores que yo —no todos lo fueron—, quien jugaba a ser la piedra de calma de la relación era yo. El mental. El que todo lo entiende. El amigo.

Ahora entiendo que era exactamente eso lo que esperaba de mis relaciones, a pesar de que yo mismo me encargaba de fijarme en el arquetipo contrario: si lo que habría deseado a mi lado era un amigo, un hombre en quien poder confiarlo todo, una relación lenta, reposada, no carnal al principio, alguien capaz de entender que mi campana de cristal quizá tenía alguna grieta en la que pudiéramos trabajar juntos…, si eso era lo que me habría gustado tener, lo que elegía era justamente lo opuesto: triunfadores, hombres que escuchaban poco, grandes inseguros que no ahondaban en su propia intimidad porque lo masculino para ellos era otra cosa; hombres atractivos, muy sociales, grandes expertos en moverse en aguas poco profundas y amantes del disfrute, del aquí y ahora.

Hombres que no me preguntaban sobre mí. Las preguntas y la curiosidad por el otro eran mi territorio.

Sé que no fui justo, pero no supe hacerlo mejor. Aunque siempre los culpé por ello, por no querer conocer al Alejandro que habitaba bajo esa capa de seguridad y de serenidad madura que yo vendía, entiendo que fue precisamente por eso por lo que los elegí. No quería hablar de mí. No quería que supieran.

No es cierto. Era yo el que no quería saber.

Desde que emergí de la adolescencia, busqué siempre mal y mis deseos se cumplieron. Pedí hombres a los que salvar, confiado en que salvando al otro me ganaba no solo su reconocimiento sino también su fidelidad, que ese vínculo era sagrado. Ahí me equivoqué. Ninguna de mis parejas me ha sido fiel. Todas me engañaron, unas antes, otras más tarde. Y yo lo entendí. Entendí —y he aquí la dolorosa herencia recibida del año de abusos en manos del Hermano— que necesitaran algo fuera del marco de nuestra intimidad común —ellos, para quienes la sexualidad era una expresión de entrega y de confianza plena—, que buscasen a alguien que sí estuviera dispuesto a abandonarse en el sexo y hacerles sentir que quien tenían a su lado vivía el cuerpo con esa alegría y ese disfrute del placer que una infancia rota y violada como la mía no permitía.

Una relación tras otra, intenté desde un primer momento hacerme perdonar esa parte de mí que no sabe estar en el ahora, ese Alejandro físico, piel con piel, que no participa del todo de la pareja porque la campana de cristal no ha vuelto a levantarse desde que, siendo demasiado niño, me encapsuló bajo su fría transparencia.

Tengo cincuenta y cinco años y siento que he vivido demasiados pidiendo permiso para vivir. Durante mi adolescencia y mi juventud, ni siquiera me atrevía a pedir permiso. Pedía perdón.

No he sido un hombre feliz, esa es la verdad. Pero también es cierto que mi infelicidad ha mantenido viva mi curiosidad en mí y que, con el tiempo y la soledad, he entendido que hay hombres y mujeres con infancias tan rotas que la medida de la felicidad a la que aspiramos es el alivio. Sentir que hay paz, que llega un día en que no hay voces en nuestro silencio. Ahora, cuando salgo a caminar por el bosque y me tumbo a dormir la siesta entre los árboles y soy capaz de oír el silencio, de captar su profundidad y de llenarlo de nada, siento como si todo lo malo hubiera pasado y allí tendido, sobre el manto de hojas secas de los robles y de las encinas, por fin encajara, como si mi cuerpo hubiera encontrado el lugar donde sí puede destensarse y abandonarse al abrazo de algo que es benigno, ligero, no humano.

El placer. Envidio la capacidad de gozar del placer en el sexo, envidio esa espontaneidad tan animal que yo no tengo. En mi caso, cuando he podido sentirla y disfrutar de ella, enseguida he recuperado a ese niño que fijaba la vista en la ventana de la enfermería y pensaba en su madre y en callar, porque si ella se enteraba y no lo perdonaba, nadie más en el mundo podría hacerlo.

Cuando abrazo, abrazo cristal. Siento el calor del otro, siento que está presente y que su piel está viva y me envuelve, y también la excitación, pero no su tacto. Siempre, sin excepción, en todas mis relaciones sexuales he fingido abandonarme al placer del momento. Pero no estaba, no podía ser. Confiar en el otro, los dos desnudos, tan vulnerable y expuesto al deseo de un igual, me paraliza y, aunque desde un buen principio aprendí a ocultarlo, también aprendí a evitarlo. Todo el esfuerzo que implica para mí el sexo me agota y me entristece a la vez, porque es ahí donde sé leer la medida de mi invalidez. No me fío del otro. En cuanto somos dos cuerpos desnudos buscando el placer, me desdoblo y, sin poder evitarlo, nos veo desde arriba, desprendiéndome de mí. Soy el que vigila, porque desde niño aprendí en la cama de una enfermería con las manos atadas que, si estás, duele, duele mucho. Mejor no estar. Mejor volar. Y cuando estoy desdoblado, mirándonos a los dos desde arriba, el Alejandro que está abajo es un robot preocupado por dar placer al otro y asegurarse de que quien está conmigo en la cama no se dé cuenta de que me basta con que no me agreda, con que no me haga daño.

Si el sexo con mis parejas ha sido así, el sexo casual ha resultado peor. En su día supuse que, si no había emoción, no habría tampoco lugar para esa sensación de vulnerabilidad y desprotección que lo impregnaba todo y podría así descubrir y ahondar en mi disfrute sexual. Pronto entendí que me equivocaba. El sexo con un desconocido, para un hombre que vive en la desconfianza crónica, es una bomba de relojería que tarda poco en estallar. Sale mal. El desconocimiento del otro, que en muchos momentos —por qué no— puede tener su atractivo, en nosotros surte el efecto contrario y multiplica por diez la sensación de peligro. ¿Y cómo se traduce eso? En mi caso, en complacer al otro para que no sienta que se ha equivocado de compañero sexual y me castigue. Soy el que se olvida de sí mismo para que quien está conmigo no dude de que su elección ha sido acertada. Complazco para evitar que salga la bestia que probablemente anida en quien está a mi lado, porque en mi imaginación esa bestia me aniquilará. Es todopoderosa, tanto como lo era el Hermano sobre mí, y hay que mantenerla en paz y satisfecha mientras desde el techo cierro los ojos y vuelvo a ver pasar por la ventanilla esos postes del tren que, encerrado en el coche, corrían paralelos a la carretera, con el mar y el cielo juntándose en el cristal como telón de fondo.

En casi todas mis relaciones «íntimas» me he sorprendido mirando a la pared de vez en cuando, esperando encontrar en ella el reloj que durante mi madrugada de tortura infantil en la enfermería marcó las visitas del Hermano. El placer se colapsa de pronto y el deseo desaparece, se ahoga. Me ahogo.

Vuelvo a ser un niño.

Y tengo miedo.

El miedo. La vida en pareja. Confiar en el otro como confías en alguien de tu familia porque así debería ser. Ese otro debería ser familia, o eso deberíamos buscar en él. Busqué mal. Desde el principio. Me crie con dos modelos opuestos en una relación de pareja: mi padre, el que amenazaba y empequeñecía, y mi madre, la que intentaba —y conseguía— no desconfigurarse, aguantando lo impensable, siempre buscando conciliar, que lo malo no fuera a peor, un saco roto que durante cuarenta años sobrevivió a un no amor que recosió ella sola cientos de veces. Mamá era la malabarista: con el dinero, con la violencia, con el temor constante a los desmanes de papá... Temíamos la suspensión de pagos, temíamos que papá no pudiera pagar préstamos, avales... Temíamos lo que al final terminó ocurriendo: las deudas eran demasiadas, los impagos también. El banco nos quitó la casa y tuvimos que mudarnos de nuevo, empezar de cero en otro lugar, dejar a vecinos, archivar los once años de biografía familiar que habíamos construido en el pueblo. Tan agotador todo... Pero mamá nunca se sentó a descansar.

Dos modelos: elegí el materno, con todas sus consecuencias. Elegí a la víctima porque, entre el que hace daño y el que intenta combatirlo, no había elección, y con ello, a medida que empecé a tener mis primeras relaciones, fui acumulando un estrés continuado que finalmente pudo conmigo. Después de varios intentos de relación que no prosperaron, tropecé con una que marcó un antes y un después en mi forma de entender la frontera que separa la locura y la perversión. Siempre que oigo hablar a mujeres víctimas de maltrato —no me refiero al físico en este momento— sé exactamente lo que van a contar, pero no solo eso. Sé lo que no cuentan. El terror, la antelación a que todo en casa estuviera en orden para no provocar en él uno de esos cambios de humor que arrasaban con todo, esa risa que anunciaba tormenta, las trampas, el control, alejarte de tu familia, de todo lo que es tuyo hasta desdibujarte completamente para redibujarte a conciencia, la ansiedad, la misma tensión que habíamos vivido en casa con mamá cuando oíamos la llave en la cerradura y sabíamos que era papá. Yo sé. Yo he vivido eso y he visto a mi madre desvanecerse, convertida en una marioneta de ojos perdidos en manos de mi padre. Ese «te llamo luego que acaba de llegar tu padre», hablar en clave de repente, las defensas activadas las veinticuatro horas del día.

Viví una relación de maltrato en pareja en una ciudad lejos de la mía y de los míos: dos años en Madrid tan destructivos que finalmente fue mi cuerpo, y no yo, quien puso fin a esa espiral de horror de la que ya no sabía salir porque el Alejandro en el que me había convertido era un hombre al que no reconocía. Fue el cuerpo. El cuerpo no solo habla, sino que además tiene memoria. El mío había aprendido a expresarse cuando con apenas seis años empezó a enfermar para compartir con mamá la angustia que yo no sabía cómo expresar. Desde aquellos años es un cuerpo entrenado para hablar. A partir de entonces siempre ha acudido en mi ayuda, insistiendo en la supervivencia. Hubo dolor. Mi cuerpo me avisó con el lenguaje del dolor. Los pies. Dolieron los pies, dolieron tanto que una tarde de invierno caí de bruces sobre el asfalto de una calle y ya no me levanté.

Ahora —y, una vez más, cuando digo «ahora» me refiero a este preciso instante de escritura— entiendo por qué fueron los pies, y no las manos o el corazón, los que colapsaron esa tarde en mi ciudad. Los pies avanzan, te llevan, somos capaces de caminar por un desierto, aunque la cabeza esté perdida y los sentidos no respondan. Los pies caminan, porque cuando paran es el fin. Cae el telón y hay que parar.

Ocurrió durante un viaje relámpago a Barcelona, mientras cruzaba la Gran Via a la altura de la plaza Universitat. En esa época eran pocas las veces que conseguía volver a Barcelona a ver a los míos. El hombre con quien vivía no veía con buenos ojos que viajara sin él, especialmente si eran visitas a mi ciudad. Cuando regresaba a casa, el mal humor duraba días y el castigo también. Esas escapadas a lo mío, fuera de su control, había que pagarlas después.

Fue justo la tarde de mi llegada a Barcelona. Cuando bajé del autobús con la maleta y cruzaba el tramo principal de la avenida sentí un pinchazo en el pie, leve al principio. Un par de segundos más tarde, el pinchazo se repitió en el otro, y enseguida dejó de ser solo un pinchazo para convertirse en un dolor agudo que me atravesó en vertical desde los talones a la cabeza. Paralizado. Me quedé quieto, esperando a que el dolor remitiera y me permitiese alcanzar la acera. Despacio, llegué hasta la pared de la universidad y me senté en el suelo húmedo, apoyando la espalda contra la pared.

A partir de ese instante conservo tan solo imágenes fragmentadas. Recuerdo haber llamado a mi madre y haberle dicho que me encontraba mal, que no podía andar y que creía que tenía fiebre. Recuerdo una espera eterna y también la llovizna que iba calándome despacio, y a mamá a mi lado, con papá un poco retirado tras ella, diciendo: «Estás ardiendo, Jandro. Vamos a llevarte a un hospital, ¿vale?». En algún momento dije que no podía levantarme, que no tenía fuerzas, y la voz de mi padre replicó desde algún lugar que no vi: «Venga, arriba, hombre, que tengo el coche ahí, mal aparcado, y se lo va a llevar la grúa».

Eso es todo.

Desperté en el hospital, ya en planta. Habían pasado dos noches y era temprano, por la mañana. Mamá dormía en la cama supletoria. Estaba tan cansado que no pude ni llamarla.

—Te están haciendo pruebas. No saben nada todavía —dijo.

Pruebas. Análisis. Escáneres. Buscaron durante quince días.

No encontraron nada.

No hubo diagnóstico.

Lo que sí hubo, una vez más, fue una mujer que tenía un libro para mí. Por supuesto, ninguno de los dos imaginábamos que ese libro iba a estar en mis manos apenas un mes más tarde y mucho menos que, una vez más, el destino iba a regalarme un nuevo trozo del espejo en el que iba a mirarme para poder corregir mi camino y hacerlo virar hacia la supervivencia. Pero fue así. Volví a Madrid recuperado. Dos semanas después, mientras hacía cola en la oficina de correos, volvió el pinchazo en los pies y con él todos los síntomas en uno. Durante casi un mes no pude moverme más que para ir de la cama al sofá y vuelta. Los picos de fiebre iban y venían y respirar era un esfuerzo titánico. Y luego estaba el dolor: en las manos, en los músculos de la cara, los codos, cualquier movimiento era un infierno.

Una tarde, Eva, una amiga de Barcelona que había venido a la ciudad por trabajo, pasó a verme. Hacía mucho que no nos veíamos y habíamos perdido el hilo de nuestras vidas, pero no costó recuperarlo. No sé por qué, enseguida empezamos a hablar de mí, de cómo era mi vida allí, de mi pareja… Supongo que la fiebre y la debilidad me ayudaron a sincerarme. Y lo hice. Ella apenas contó nada. Preguntó, escuchó…, poco más. En cuanto se marchó, me quedé dormido enseguida, agotado. A la mañana siguiente, cuando Dora —la señora que nos ayudaba con la casa— apareció en mi habitación, llevaba un paquete en la mano.

—Juan, el portero, me ha dado esto para ti —dijo. Y también, con un guiño cómplice que agradecí—: No se lo he enseñado a Jorge. ¿He hecho bien, verdad?

Abrí el sobre. Era un libro. Contenía una dedicatoria. Decía así:

Cuando por fin lo entiendes, el cuerpo descansa.

Leí las ciento noventa páginas de *El acoso moral* de un tirón. A pesar del dolor y de que durante aquel segundo brote —«brotes», así aprendí a llamarlos con el tiempo— me dificultaba la lectura y de que incluso sostener un libro en la mano era dolor y era también agotamiento. Leí, devoré las palabras de Marie-France Hirigoyen como si de pronto hubiera encontrado de nuevo la ventana que hacía tiempo había perdido. Hirigoyen me hablaba a mí. Todo lo que decía era yo, ordenado, párrafo a párrafo, tan claro e innegable que dolía pensarlo. Fórmulas como «violencia perversa en la pareja», «relación de dominación», «relación de propiedad, de dependencia» eran pequeños neones que iban abriendo en mí puertas a otras puertas, aireándome por dentro. Ahí estaban las humillaciones que yo estaba acostumbrado a recibir de mi pareja, la tolerancia al abuso, el menosprecio, el control, los celos, las infidelidades justificadas, los drásticos cambios de humor, la burla constante —«No sé qué hago con un tío tan alto, con lo poco atractivos que sois», «¿Tú te das cuenta de cómo hablas, con ese acento como de pijo»?, «¿Siempre has tenido ese tono de voz? No leas nunca en público, suena fatal», «Me gusta mucho ese polo, pero el color... a ti esos colores no te favorecen nada. Si es que no preguntas...»— en todo aquello que destacaba, hasta que poco a poco había ido dejando de hacer, dejando de aparecer, dejando de creer. En dos años me había convertido en la sombra de alguien que ni siquiera recordaba. Mi memoria estaba quebrada, mi familia lejos, relegada a llamadas telefónicas puntuales que a veces eran secretas, porque nunca eran bien vistas por él —«Eso te pasa por hablar tanto con tu madre. No me quiero meter donde no debo, ¿eh?, pero es que tenéis una relación insana, y sobre todo ella contigo»—. Lejos, mi familia mejor lejos y mis amigos más aún.

Estaba enfermo, solo en una ciudad ajena, alejado de los míos, a los que mentía continuamente porque no sabía cómo explicar lo que estaba viviendo, no sabía hilar un relato que tuviera sentido.

Mientras leía a Hirigoyen añadía a la lectura una segunda voz que iba sumando al texto mi propia experiencia como un libro debajo del libro, escrito con tinta invisible. Ahí estaba mi retrato.

Tardé todavía unos meses en dejar aquel piso y a aquel hombre. Costó ordenar y sobre todo costó aunar el valor para hablar, no con él, sino con los míos. Ellos me esperaban. Todos. Siempre es así. Los demás saben y ven, aunque no estén. Esperan el momento, temen que si actúan antes de hora nos revolvamos contra ellos y contra la verdad, y que el frágil hilo que todavía nos une a la cordura se rompa, perdiéndonos del todo. Quienes nos quieren aguardan. A veces no sale bien y la víctima se pierde. Llegas a creer que te estás volviendo loco, no sabes por qué tanta ansiedad, por qué estás siempre triste si tú no eras así —«Alegra esa cara, hombre. Desde luego, da gusto llegar a casa, con esa cara de entierro siempre»—, por qué te has vuelto tan torpe en todo.

El cuerpo, el mío, había hablado, y cuando por fin logré deshacerme de aquel laberinto de espejos, no sanó. Durante los diez años que siguieron, los brotes continuaron. El diagnóstico llegó pronto: síndrome de fatiga crónica. Volvieron las pruebas periódicas, los controles, protocolos de ensayos... A veces los brotes duraban poco; otras, se alargaban durante semanas, de la cama al sofá y del sofá a la cama. Mamá, la mediana y la mayor se turnaban para cuidarme. En aquella época yo ya había empezado a traducir, pero durante los brotes el dolor me agarrotaba los dedos y utilizar un teclado era un martirio, de modo que cuando estaba bien trabajaba a destajo en previsión de esos vacíos de inactividad que no podía justificar. En ese tiempo, el síndrome de fatiga crónica era una enfermedad rara y no reconocida y muchos médicos no solamente no sabían que existía, sino que desconfiaban de pacientes como yo, cuyos síntomas eran relacionables con multitud de otras dolencias.

Sin embargo era libre, aunque mi cuerpo siguiera doliendo.

O eso creí.

Con el paso del tiempo, tuve dos relaciones más, la primera muy breve y la segunda con un hombre que me quiso bien, pero con quien entendí del todo que mi confianza en el otro era un imposible. Claudiqué. Asumí que hay hombres y mujeres impares y que yo era uno de ellos. Acepté que no sé darme, porque no confío en quien me da sin pedir nada a cambio, que ocho años es demasiado pronto y que una parte de mí había muerto en ese niño. Y entendí que no habría más intentos. No tenía energía para tanto. No más parejas, no más dos. La enfermedad me exigía demasiado, y me sentía en deuda constante con quien tenía al lado por haber elegido estar con un hombre enfermo. Y me castigaba por ello.

Terminamos la relación sin dejar de querernos, esos finales que son los que más duelen porque en el fondo son un duelo de lo que podríamos haber tenido si el momento hubiera sido otro o las biografías —la mía, sobre todo— hubieran sido distintas. Nos separamos tristes y él se marchó, dejándome en casa acompañado de algunas cajas, un par de camas y un sofá, poco más. Y en ese vacío de él, que fue también de todo el futuro en pareja que yo sabía que ya no iba a tener, pensé en la muerte.

No era la primera vez. Yo he vivido con la muerte cerca, desde que siendo aún muy pequeño llegué a pensar, en mi desesperación, que la única forma de salir de ese círculo de acoso y de silencio que vivía en el colegio era no tener vida. No sabía pensar más allá de eso. No era capaz de elaborar otra salida. Quería dejar de vivir aterrado y la ferocidad del mundo era una muralla que cada vez me asfixiaba más.

Pensé en quitarme la vida. En aquel instante, sentado en mi salón vacío, rodeado de unas cuantas cajas, enfermo y con más pasado que futuro, seguir me parecía una quimera y también una pesadilla, y no solo por mí, sino también por los míos. Insistir en la vida era una mala opción, la menos dramática. De algún modo sentía que había llegado al final de un ciclo y que era el momento. Recuerdo esa noche como una larga conversación conmigo y con todas aquellas personas que habían pasado por mi vida y habían dejado tras su marcha una huella que merecía revisar. Me despedí de todos y de todas. Cerré cuentas con quienes las tenía y me sinceré con quienes seguían a mi lado, saliendo de mi campana de cristal y pidiéndoles los abrazos que ya no podríamos darnos. Hablé, hablé y hablé hasta quedarme afónico en mi imaginación. Quise mucho, lloré mucho, pedí perdón, perdoné, viví y reviví en esas horas con una intensidad que creía perdida.

Hasta que llegó el momento de despedirme de mi madre.

No pude. No pude pensarlo: verla sola, imaginarla sola, envejeciendo con mi padre, encogida contra mi recuerdo y sin mí, sin nuestro cable de funámbulo compartido, sin nuestras llamadas, sin la risa salvándonos en el drama, ella viviendo con su presente y cargando con mi pasado, tan fuera de su eje. No supe cómo empezar a decirle que el hijo se iba antes, pero que no sufriera por mí, que lo mío había empezado mal muy pronto y que yo ya no podía luchar más. Empecé tantas cartas que nunca escribí esa madrugada... Y la eché tanto de menos...

Recuerdo que vi amanecer desde mi ventana y que, mientras el primer runrún de la mañana desperezaba las calles, me quedé dormido en la butaca.

Cuando desperté era casi mediodía. Seguí un rato sentado junto a la ventana, dejándome acunar por la resaca de escenas imaginadas que sobrevivían a la noche. Pensé en mi madre y también en mi abuela, y se me ocurrió que quizá mi vida habría sido distinta —y seguramente mejor— si ellas no hubiesen dejado la floristería y hubiéramos podido quedarnos allí los tres, haciendo ramos, quitando espinas y escuchando la radio mientras fuera la vida era otra vida, no la nuestra, y no había peligro porque no había futuro.

Pensé en el Alejandro de entonces, tan parte de aquello, tan parte de algo, y recuperé a todos los Alejandros que había habido después, esos fragmentos del mismo espejo que nunca conseguía unir bien, buscando siempre la forma de volver al principio y empezar de nuevo desde el punto exacto en que la veleta había girado en el tejado y todo se había vuelto difícil.

No pasó mucho tiempo hasta que oí el chasquido metálico de la puerta de la calle al cerrarse. Poco después, al eco de pasos que subían despacio por la escalera se les sumó una especie de gemido sordo que iba repitiéndose cada pocos segundos, como el de un niño que balbucea.

Durante unos segundos llegó el sonido débil de un chelo que venía de la plaza y un golpe de viento azotó el callejón, peinando los geranios y la buganvilla deshojada del balcón.

Tendría que haber adivinado que el gemido que acompañaba los pasos en la escalera no era el de un niño.

Y que los pasos eran los de mi madre.

¿QUÉ VIDA ME ESPERA?
ENFERMO, INCAPAZ DE TENER PAREJA PORQUE NO SÉ CONFIAR EN EL OTRO...
DRIIIN
DRIIIN
¿QUIERO SEGUIR?
DRIIIN
DRIIIN
¿NO SERÍA MEJOR ACABAR DE UNA VEZ?
¿AH, ESTABAS AQUÍ? ¿Y POR QUÉ NO ABRÍAS?
MENOS MAL QUE LLEVABA LLAVES, CON LO QUE PESA.
PERO... ¿QUÉ ES...?
VEN, CÓGEMELO, NO SE ME VAYA A CAER.
NI HABLAR, MAMÁ. YO NO PUEDO.
¿DE DÓNDE LO HAS SACADO?
ES UNA HISTORIA UN POCO LARGA.
PERO ¿ES TUYO?
NO, ES TUYO.

CLARO QUE PUEDES, HIJO.
NO PUEDO NI CON MI VIDA, CÓMO QUIERES QUE ME OCUPE DE UN PERRO.
UN PERRO, NO. RULFO. SE LLAMA RULFO.
¿RULFO?
MAMÁ, YO NO SÉ SI TENGO FUERZAS PARA SEGUIR. NI SI QUIERO.
YA LO SÉ.
¿SÍ?
SÍ. PERO AHORA TIENES QUE PENSAR POR DOS. NO PUEDES DEJAR HUÉRFANO AL PEQUEÑO.
MAMÁ...
POR CIERTO, TENGO LA MALETA EN EL ASCENSOR. ¿ME AYUDAS A ENTRARLA?

¿LA MALETA? ¿ADÓNDE VAS?
VENGO. AQUÍ.
HE DECIDIDO VENIR A HACERTE COMPAÑÍA UN PAR DE SEMANAS.
MIENTRAS TU PADRE ESTÁ EN CAMBRILS CON SU HERMANA. ASÍ TE AYUDO A ORGANIZARTE UN POCO.
MAMÁ...
ADEMÁS, QUIERO ASEGURARME DE QUE EDUCAS BIEN A MI RULFO, Y DE QUE COME. LAS PRIMERAS SEMANAS SON MUY DURAS.

C. J. Psiquiatra
Telf.: 5463735
SÍ, SE TRATA DE MI HIJO ALEJANDRO.
NECESITA AYUDA Y ME GUSTARÍA QUE LO VIERA...
SÍ, LO SÉ.
ESTOY TAN PREOCUPADA QUE NO PODÍA ESPERAR. LO ENTIENDO, CLARO. ÉL LA LLAMARÁ, SÍ, YO ME OCUPO...
GRACIAS, DOCTORA.
AH, UNA COSA: NO LE DIGA QUE YO LA HE LLAMADO, POR FAVOR.
SÍ, GRACIAS. ADIÓS.
EL PERRO SE ME HABÍA HECHO PIPÍ ENCIMA.

III

NOSOTROS, LOS NIÑOS. VOSOTRAS, LAS MADRES

DIAGNÓSTICOS Y PRONÓSTICOS

Preguntas. Tantas…

Durante las primeras semanas de febrero viví inmerso en un mar de preguntas que no eran mías y que tampoco llegaban a resultar ajenas. Acostumbrado a cuestionarlo siempre todo, a preguntarme el porqué y el cómo de cualquier cosa desde pequeño para que la realidad fluyera siempre controlada, me vi de pronto atendiendo a medios sin descanso, convertido en un neón que irradiaba actualidad. No había estallado aún la guerra de Ucrania y la lacra de la pederastia en la Iglesia católica en España no era solo un asunto relegado a las páginas de sociedad, sino que había dado el salto y se había convertido en un punto de primer orden en la agenda política. Era la tercera semana de reuniones. Mientras esperaba a entrar en una tertulia nocturna, me llamaron de un programa de radio. Querían un directo a las ocho de la mañana.

—No me sienta bien madrugar —advertí a producción—. Si te digo que sí, pueden pasar dos cosas: o que esté muy dormido y no me entere de lo que me pregunta tu jefa o que esté demasiado despierto y sea demasiado sincero.

A la directora le gustó el reto.

Tocó la segunda versión, la sincera.

Fue una entrevista muy entrañable. Y personal. Cuando le conté que no he vuelto a tener pareja en los últimos veinte años, ella no hizo ningún comentario. Entendí que estaba preguntándose si habría ocurrido lo mismo con mi vida sexual.

—Durante los primeros diez años desde que terminé con mi última pareja no la hubo.

Cara de estupor.

—¿Diez años?

—Once, para ser más exactos.

—Pero…

Lo que leí en su mirada fue el catálogo natural de comentarios, no siempre formulados en voz alta, que he oído durante años siempre que he hablado de mi ausencia elegida de vida sexual.

A saber:

1. Pero ¿cómo has podido vivir sin sexo durante tantos años?

2. Pero, con lo promiscuos que sois los gais… No te creo. Bah, algo habrás hecho por ahí.

3. Pero seguro que con esa planta habrás tenido que quitarte a moscones de encima a puñados.

4. Yo no podría. Te diré más, si paso más de un par de semanas sin, me pongo de un mal humor que no hay quien me aguante. Es que soy muy sexual.

5. Yo también pasé una época así, no creas, pero luego conocí a X o a Y y ya volví a hacer vida normal.

Vida normal. La lista es infinita. El miedo al rechazo y el sexo, dos grandes temas a los que, desafortunadamente, las víctimas de abusos en la infancia nos vemos abocados a dedicar gran parte de nuestra atención de por vida, ambos, en nuestro caso, íntimamente ligados.

Por fin, en el estudio, llegó la pregunta.

Tras tocar el tema de cómo había afectado el episodio de abusos a mi vida en pareja y de si, a pesar de todo lo que acababa de contarle, estaba abierto a que apareciera alguien —«Ese alguien especial», dijo con una mirada entre ilusionada y compasiva—, preguntó, casi como si hablara consigo misma:

—¿Y durante todos estos años no has echado de menos despertarte con alguien a tu lado? ¿El cariño? ¿La complicidad?

Me tomé mi tiempo para responder. Fueron apenas unos segundos, que en radio son oro. Ella me miró, un poco nerviosa. Dudé, y no porque no conociera la respuesta, sino porque me asaltó la misma duda que me asalta ahora al contarlo, como siempre que ha llegado esa pregunta. Sabía que la respuesta que iba a darle haría arrugar la frente a más de un oyente, probablemente a más de cien. No sería la primera vez. He vivido en incontables ocasiones esos momentos en los que, por temor a manchar la imagen que tienen de mí, debo elegir entre la verdad, tal como yo la vivo, y esa otra versión suavizada que los demás prefieren oír. Esa ha sido una constante en mi carrera de escritor —supongo que en la de muchos—, sobre todo en estos últimos años. Elegir entre ser yo, mostrarme en mi versión original, o edulcorar el discurso para que la versión llegue filtrada y mi verdad no ofenda ni genere rechazo en quien me escucha. Para no perder lectores. El rechazo, siempre el temor al rechazo, heredándose de una generación a la siguiente desde que los animales humanos decidimos que nuestra inteligencia nos hacía superiores —que no mejores—

al resto de las especies de animales que poblaban el planeta y que debíamos demostrárselo poniendo en práctica una política del maltrato a lo diferente.

Y de esos fangos…

Cuando tomé la decisión de relatar mi verdad sobre los abusos, provoqué sin proponérmelo muchas otras decisiones. Una de ellas fue que no volvería a edulcorar mi verdad, ni tampoco a negarla. Algo en mí se recolocó y me llevó a entender que no podía seguir viviendo pendiente de no ofender a mis posibles lectores o lectoras evitando aquellos temas que sé que son susceptibles de crear polémica. No vale de nada vivir en libertad si no nos sentimos libres.

A la pregunta de la periodista sobre si había echado de menos todas esas cosas que acababa de enumerar, solo podía contestarle con lo real.

—He tenido todo eso durante catorce años. Eso y mucho más —dije. Ella me miró, confundida. En su guion ponía que yo ya había dicho antes que no había vuelto a tener pareja en los últimos veinte años. ¿Había mentido? ¿La habían informado mal?—. He vivido en pareja todo ese tiempo.

—Ah —dijo con una especie de sonrisa desmadejada. Luego tachó algo en su guion—. Pero yo creía que no…

—He viajado con él —la interrumpí—, he dormido con él, me he despertado con él, he comido con él, he reído y llorado con él, he aprendido cientos de cosas sobre mí con él y, sobre todo, lo he querido como no sabía que era capaz de hacerlo. Ha sido la relación más profunda, más intensa, más reparadora y duradera que he tenido nunca.

—Ah… —volvió a decir, ya totalmente descolocada—. Pero ¿entonces…?

—Rulfo me salvó de la muerte —volví a hablar—. Literalmente. Seguramente si él no hubiera aparecido, yo no estaría sentado aquí, hablando contigo.

No sonrió. Bajó la mirada al papel, incómoda.

—¿Rulfo?

—Un perro —respondí, mirándola a los ojos—. Mi perro.

Hubo un silencio que fue breve, pero que resonó en el estudio como si estuviéramos en una enorme nevera.

—Sin él no habría sabido vivir.

Rulfo llegó a mi vida para que yo no la abandonara. Mamá se puso de nuevo en acción, conspirando para mantener nuestra balsa a flote, siempre alerta. Mamá sabía, igual que también sabían la abuela y la bisabuela Ramona antes que ella, como saben las madres: conocen nuestros tiempos y nuestras señales, e intuyen desde la distancia cuándo actuar, aunque el resultado no siempre sea exactamente el que imaginan. Pero hay un resultado: con ellas gira la veleta, ocurren cosas siempre que una madre decide que no hay nada peor que dejar que no ocurra nada.

Rulfo llegó en brazos de mamá, tan necesitado de calor que, en cuanto lo tuve en los míos y dejé que me oliera, supe que ella había ganado.

—Perros, ni hablar —saltaba papá cada vez que, ya instalados en el piso nuevo, intentábamos convencerlo de que la vida en un pueblo era distinta y de que ya teníamos una edad y estábamos preparados para hacernos cargo de él—. Los perros, mejor sueltos y en el campo, no en un piso. Ahora mucho «quiero un perro, quiero un perro», pero, en cuanto os toque cuidarlo y bajar a pasearlo, ya sabemos quién va a tenerse que encargar de él, y por ahí sí que no paso.

No dio su brazo a torcer. Ni entonces ni nunca, y eso que mamá urdió todas las artimañas posibles para conseguirlo. Y es que si había algo a lo que era incapaz de resistirse eran los perros. En la calle se paraba a tocarlos a todos: grandes, pequeños, peligrosos, con bozal o sin correa... y todos sin excepción se rendían a mamá. Tenía un no sé qué con los perros que —cómo no— a papá lo exasperaba, porque salir con mamá significaba tener que pararse cada cinco minutos y no llegar nunca a la hora. Puntualidad. Papá no entendía la vida sin una base infalible de puntualidad, y mamá concebía el tiempo a su manera, entre despistes, las breves paradas periódicas a hacer carantoñas a cuanto perro aparecía en su camino, algún recado improvisado de última hora... Combinaban mal. Los ritmos en común no casaban y papá siempre culpaba a los perros, los hubiera o no, de los retrasos de mamá.

—Algún día una de esas bestias te arrancará una mano —soltaba medio en broma, medio en serio—. No me busques cuando ocurra, porque te lo tendrás merecido.

Mientras nosotros vivimos en casa con ellos, mamá nunca cejó en su lucha. A pesar de los años, ella seguía echando de menos al perro con el que se había criado al nacer, un cocker negro llamado Ernesto —según contaba la abuela, se llamaba así porque el día que se lo había regalado a mamá había visto anunciado en un teatro de Santiago el estreno de *La importancia de llamarse Ernesto* «y me dije: esto es una señal, así que Ernesto»—, que había crecido con ella y cuya foto figuraba con las nuestras en el álbum pequeño —ella lo llamaba así, «el álbum pequeño», porque era donde guardaba las fotos de «la familia pequeña», es decir: la abuela, el abuelo, papá, nosotros y Ernesto—, un álbum que sobrevivió a todas las mudanzas y que mantuvo en el cajón de su mesita de noche hasta que nos dejó.

No hubo perro. A pesar de todo lo que conspiramos e insistimos, para poder disfrutar de él en casa necesitábamos un permiso que nunca llegó, aunque es cierto que, bien visto, papá tampoco salió ganando del todo, porque para tenernos contentos y conseguir que dejáramos de marearlo no se le ocurrió mejor solución que ceder a medias y consentirnos tener a toda una procesión de sustitutos que fueron desfilando por el piso nuevo y que, desgraciadamente, pocas veces conocieron un buen final.

Hubo tortugas en cajas de zapatos, grandes y pequeñas, nunca de agua; muy pronto llegó Jerónimo, el canario inmortal —la abuela lo llamaba así, «El inmortal»— que cantaba de noche y callaba de día y cuya jaula de imitación pagoda odiábamos limpiar; tuvimos un conejo marrón llamado Virgilio que murió de un golpe de calor, porque al poco de llegar empezó a comerse los zapatos de papá y automáticamente quedó desterrado a la galería, que daba al sureste y en verano se convertía en un horno; y tuvimos también un pato —perros en un piso ni hablar, pero patos, ¿por qué no?— que se pasaba las tardes en la bañera y que iba cagándose por toda la casa, siempre tras la sombra de mamá, a la que perseguía desde que ella se ponía en pie. Por las tardes, cuando llegábamos del colegio, lo sacábamos a pasear con su correa y tenía locos a los pocos perros del edificio. Un domingo por la noche, cuando volvimos del cine, nos encontramos a Walter —así se llamaba— volando por el pasillo, del salón al recibidor y vuelta, y en ese momento papá decidió que la aventura con el pato tenía que terminar. «Un pato que vuela, no», sentenció, como si acabara de decidir que eso de que un pato volase era una estafa. Intentamos convencerlo de que esperara —ahí mamá no estuvo muy fina y ayudó poco: no se le ocurrió nada mejor que proponerle a papá que adoptáramos a un perro para que se hicieran compañía, «así Walter tendrá un hermano y ya no querrá volar. ¿Dónde va a ir, el pobre, sin su hermanito?»—, pero no funcionó. Papá aprovechó el verano y los quince días que pasé en mis primeros campamentos con el colegio para deshacerse de él. La mediana y la mayor se habían ido con los abuelos a la casa de la montaña y lo tuvo fácil. Mamá no pudo hacer más de lo que hizo.

—Lo hemos llevado a la granja de una amiga de tía Mercedes —nos dijeron a la vuelta—. Han metido a Walter en un corral con una pata cojita y viuda y se ha quedado la mar de feliz.

Mamá asentía mientras él hablaba, tensa e intentando sonreír. En cuanto les pedimos que nos dejaran ir a verlo, papá se negó.

—No se puede. En la granja nos han dicho que lo mejor es que no los molestemos hasta que se acostumbren, y eso lleva unos meses.

En suma, fuimos una familia huérfana de perro y eso marcó no solo nuestro pasado sino también el futuro, el de mamá más que el de ninguno de nosotros. Tanto es así que cuando se divorció de papá —ella acababa de cumplir los sesenta y cinco años y se había quedado literalmente en la calle—, mientras, refugiada en casa de la mediana, esperaba a que le concedieran un apartamento de protección oficial, un día apareció con una perrita minúscula metida en una caja de frutas.

—La chica esa tan simpática del súper me ha dicho que no la quería nadie y que si no encontraba a alguien que la adoptara antes de que cerraran, el jefe la mataría, así que me la he quedado. ¿A que es una monada? —dijo.

Estaba feliz, tanto que no nos atrevimos a preguntarle dónde pensaba meterla, si ni siquiera tenía casa. La perrita se quedó. Después de cuarenta años privada de perros y en su situación, no se nos ocurrió negarle aquel sueño. Hoy esa perrita vive aquí, conmigo. La oigo roncar a mis pies mientras escribo y me enternece verla tan huérfana de mamá como yo. Trufa es, como ella misma la presentaba, «una mezcla de murciélago, sapo de charca y lomo adobado», pero enseguida añadía, mientras la atiborraba de chocolates y gominolas que compartía con ella: «¿Habéis visto qué ojos más bonitos? ¿A que tiene cara de actriz italiana? Miradla bien». Desde el día que mamá se marchó, Trufa se pasa largos ratos mirando a la nada y ladrando sin descanso, despacio, como si marcara los segundos con su voz afónica. El veterinario nos ha dicho que es demencia. Ella entra y sale de casa a su antojo y pasa buena parte del día sentada a la sombra de la enorme encina que está junto al tilo, a un metro escaso de la placa de hierro que inauguramos en mayo para dar nombre al bosque que estamos creando en memoria de mamá. Tumbada sobre la hierba, mira al bosque y de vez en cuando gruñe. Yo creo que el diagnóstico del veterinario es poco real y que eso que él llama «demencia» es en realidad añoranza. Trufa espera a mamá. Le ocurre lo mismo que nos ocurre a nosotros: no entiende que ya no esté, porque mientras estuvo vivían la una encima de la otra, inseparables en todo momento.

«Koalismo, Trufita», le decía mamá, llamándola cuando se

acostaba a dormir la siesta. Y ella saltaba sobre la cama y se tumbaba como un cojín sobre su cabeza, feliz una y feliz la otra. Mamá vivió con su perrita toda la libertad y la anarquía cotidianas que nunca pudo conocer con papá, y nosotros lo entendimos así y lo celebramos con ella. Trece años juntas son muchos años. Lo de Trufa es añoranza, seguro. Quién sabe, quizá la demencia sea también eso: añoranza de lo que ya no ha de volver, una coraza de olvido para taponar el dolor. Cuando mamá murió, Trufa la vio apagarse estirada a los pies de la cama y todavía cree que la verá aparecer por la puerta, en una mano la bolsa de tela con el logo de algún festival literario que agarraba como si tuviera cogido a un pollo por las patas y en la otra el móvil y las bolsas de plástico violeta para recoger sus cacas. La espera, todos los días a las mismas horas.

Creo que a veces la ve.

Aquí cada uno malvive la orfandad como puede.

Un perro. Pronto hará veinte años de ese mediodía en que mamá apareció en mi casa para salvarme de mí, y esa vez no fue con un libro, sino con Rulfo, que curiosamente muchos años más tarde terminaría convertido en protagonista de su propio libro. Fiel a ese plan infinito suyo de madre en guardia, una vez más me salvó la vida, concediéndome con aquel perro una prórroga de casi catorce años que seguramente yo no podría haber conocido de otro modo. Rulfo lo cambió todo, y cuando digo «todo» hablo de lo que no se ve ni se imagina, de los cimientos y del paisaje. Tener a mi cargo a un cachorro como él, con sus dos meses y medio de vida, fue un shock que me colocó automáticamente en otro plano, lejos de cualquier posibilidad de no quedarme. De pronto apareció alguien que necesitaba de mí para salir adelante, sin discurso, sin otro fin que el de sobrevivir.

Sobrevivir. No fue necesario que nadie me explicara nada. Sobrevivir era mi especialidad. De eso sí podía ocuparme. Rulfo era un cachorro blanco de golden retriever que había llegado para quedarse. De repente había otra vida en mi casa, mamá había desplazado el centro de gravedad desde la butaca donde yo había pasado la noche hasta el calor latente de aquel cuerpo blanco que olía a fragilidad. No hubo tiempo para pensar. No hubo reproches. Mamá se instaló en casa las dos primeras semanas y me ayudó con él, además de conseguir, gracias a su incansable insistencia, que pidiera cita con la psiquiatra que me había encontrado.

Animalarme, eso fue lo que Rulfo hizo conmigo. Antes de darme cuenta, lo tenía en brazos a todas horas, eso siempre que mamá no aprovechaba para robármelo. Desde el primer día durmió conmigo, quieto y sin llorar, como si aquel fuera su sitio natural. Dormía en mi almohada y durante la noche yo me despertaba a cada rato para asegurarme de que estaba vivo y de que respiraba, temiendo por él. Y lo olía. Le olía las orejas, el cuello, lo repasaba entero, impregnándome de él, incapaz de creer aún que estuviera allí, que hubiese alguien en mi cama y que fuera yo el que no podía parar de abrazarlo y de buscar su contacto. Mamá y yo vivimos esas dos primeras semanas de perro como una victoria largamente esperada a la que rápidamente se sumaron la mediana y la mayor. No hablábamos de otra cosa: si duerme, si respira bien, que si el pienso, que si las vacunas, que si las diarreas... Después de años de espera, mamá se había hecho un regalo a través de mí, sin imaginar en aquel entonces que apenas cuatro años más tarde su vida cambiaría como lo hizo, con un divorcio y la llegada de una perrita propia que, con el tiempo, se convertiría a su vez en el personaje de una novela.

Siempre he dicho que con Rulfo aprendí a querer y ahora, pensándolo bien, creo que quizá no sea exactamente así. Debería decir «confiar», no «querer». Con él aprendí a pedir cariño sin temer el rechazo del otro por resultar demasiado cariñoso. Y aprendí también a calibrar quién soy y cómo expreso el amor cuando me siento libre para hacerlo. «Lo tratas como a una persona», he oído decir cientos de veces a mi alrededor, y no solo refiriéndose a mí, sino a muchos otros dueños de perros que se relacionan de igual a igual con ellos. «Lo humanizas.» No es así. Ese es el juicio que hace un humano sobre lo que ve, sin conocer la intrahistoria, y yo lo entiendo. Visto desde fuera, para quien no ha vivido lo que yo, esa es seguramente la imagen y también el primer mensaje.

Pero no es así. Con Rulfo aprendí a tratar al otro. Desde cero. No fue fácil, no lo fue al principio ni tampoco durante los catorce años que estuvo conmigo, pero poco a poco conseguí —consiguió— que no me diera miedo manifestarme como un hombre que quiere a un ser que siente y que se comunica desde la emoción. Nunca traté a Rulfo como a un humano. Nunca lo confundí en el trato con un hijo imaginario, ni con una pareja ni con un amigo. Al contrario: me limité a verlo y a tratarlo como a un igual en convivencia mutua, con el mismo respeto y cariño, como a un compañero de viaje que dependía de mí en unas cosas como yo dependía de él en otras. De no haber sido así, el aprendizaje que hice sobre mí desde su llegada no habría sido posible. Él me regaló un espejo en el que pude mirarme sin sentir que me ponía en peligro ante alguien que podía hacer un mal uso de mi debilidad y de la confianza que depositaba en él.

«Sois iguales. Miráis igual, sois igual de testarudos, igual de claros en vuestros mensajes, igual de solitarios…» Cuántas veces he oído esas palabras en boca no solo de mamá y de mis hermanas, sino también en la de quienes han aparecido y me han importado durante los años que he compartido con Rulfo. Es cierto. Éramos la viva imagen uno del otro. Yo conocía todos sus gestos, las miradas, los distintos ladridos, sus formas de moverse por la casa. Sufrí con él desde el principio porque veía peligros para su vida en todas partes. Interpretaba sin error las distintas expresiones de su cara, todos los mensajes, todos los miedos y recelos, y él sabía hacerlo conmigo con el mismo margen de acierto. Evolucionamos juntos, yo desde ese hombre derrotado y enfermo que lo tuvo en brazos el primer día en casa con mamá y él a mi sombra, mostrándome esos distintos Alejandros que fueron asomando con los meses primero, con los años después.

—Es que su perro es usted —me dijo mi terapeuta el día que le conté que no podía imaginarme cómo iba a ser capaz de seguir con mi vida cuando él ya no estuviera.

Fuimos dos en uno. Literalmente. La cara A y la cara B de la misma versión. Desde el principio, viví su vida conmigo como si fuera un tiempo de descuento, y más aún cuando caí en la cuenta de que, por ley de vida, él moriría antes que yo.

Durante los tres primeros años que estuvo conmigo, Rulfo no ladró ni lloró una sola vez, ni siquiera sabía mover el rabo para expresar algo. Era un perro cuyas emociones estaban desligadas de su cuerpo, algo completamente anómalo, sobre todo en un golden retriever. Se adaptó a mí como una segunda piel, observándome en cada momento, escaneando mis rutinas, aprendiendo a leer en mí todo aquello que iba a ayudarle a no molestar. Una de las primeras cosas que hizo, cuando todavía no llevaba ni un mes en casa, fue tumbarse a mis pies cada vez que yo me sentaba a trabajar en mi escritorio. Se hacía un sitio entre los dos pies y allí se quedaba, muy quieto, hasta que yo me levantaba.

La relación que Rulfo mostraba con su cuerpo era la misma que tenía yo con el mío: no era nada cariñoso, o al menos no expresaba el cariño como se espera que lo haga un perro. Cuando yo llegaba a casa, ya desde muy pequeño se acercaba a la puerta, dejaba que le acariciase la cabeza, daba media vuelta y emprendía el camino hacia donde creía que yo tenía intención de ir. Era como un mayordomo. Mamá estaba maravillada con él, no tanto por aquel carácter tan extraño, sino porque con ella Rulfo era otro. Sabía que mamá venía a casa cinco minutos antes de que ella llamara al interfono, y cuando le abría la puerta corría escaleras abajo a recibirla. Adoración es poco. Rulfo no apartaba la mirada de ella desde que llegaba hasta que se iba. Cuando mamá estaba yo no existía, aunque su falta de expresividad no mejoró con ella.

Los primeros años juntos coincidieron con mi apuesta por una terapia más intensiva y más de fondo con la psiquiatra que me había encontrado mamá. Recuerdo esa época habitada por esos tres hitos que ahora, en la memoria, lo ocupan todo: terapia, Rulfo y enfermedad. Sí, la enfermedad estaba y sus brotes seguían apareciendo con la misma asiduidad e intensidad. Nada había cambiado y yo estaba empezando a acostumbrarme a la idea de tener que incorporarla definitivamente a mi vida. Para entonces, el síndrome de fatiga crónica era una enfermedad que había dejado de considerarse «rara» y, junto con la fibromialgia, había pasado a formar parte del espectro de nuevas enfermedades invalidantes incorporadas al lenguaje médico habitual. Mi historia laboral de esos años está salpicada de bajas por enfermedad, períodos de cuatro y cinco semanas en cama, incapacitado para ir más allá del baño o del sofá, en los que mamá y mis hermanas se ponían en marcha y se organizaban para cuidar de mí y de Rulfo. Fueron años cansados. Mucho. No soy un buen enfermo. No me gusta que me cuiden porque, de algún modo, siento que dejarme cuidar me crea una deuda con el cuidador que no sé si seré capaz de pagar. He tardado años en entender que no ser un buen enfermo es la expresión física más primaria de quienes no sabemos dejarnos querer: he ahí el miedo a la deuda, a no ser capaz de corresponder con la misma intensidad, a quedar al descubierto en toda nuestra debilidad.

No ser un buen enfermo te lleva la mayoría de las veces a no ser un buen cuidador. Son las dos caras del mismo miedo. El temor a perder y el temor a que duela.

Fatiga. Mucha. Las enfermedades como el síndrome fatigan al enfermo —en esa época sobre todo— porque lo obligan a explicar una y otra vez su propia enfermedad, y eso agota. La vivencia del que la sufre es parecida a la de quien ha sufrido abusos en la infancia: estás obligado a repetir todos tus síntomas una y otra vez para que te crean, y cada vez que lo haces sientes que empeoras, que la luz se apaga un poco más. En cada petición de baja tienes que justificar que no es algo imaginado, que no mientes. Y con cada explicación, la víctima —el enfermo— se revictimiza. Es un círculo maldito que conocemos quienes hemos pasado por ello. El enfermo opta finalmente por callar y no relacionarse con gente que amenace con ser poco empática con casos como el suyo. El círculo de amigos/relaciones se reduce cada vez más. Hablar cuesta, cuesta mucho. Sientes que te castigan por estar enfermo y a veces, sobre todo durante los brotes, entiendes que haya quien tire la toalla, porque vivir así, tan cansado que no puedes siquiera respirar en condiciones, a veces sin fuerzas para llegar al cuarto de baño y teniendo que hacértelo todo encima, es la no vida cuando desde el exterior el mundo te grita: «Tienes treinta y cinco años y no puedes rendirte. Si te rindes es que no luchaste lo suficiente».

Enfermedad. Psiquiatra. Rulfo. Poco a poco, los tres vértices de ese triángulo de vida que lo ocupaban todo fueron limándose al unísono, siempre con mamá siguiéndonos de cerca. Para entonces yo ya había publicado mi primera novela y estaba trabajando en la segunda, que terminaría convirtiéndose, años después, en *El tiempo del corazón*. Combinaba la traducción a destajo con la escritura. Dormía poco, porque dormía mal y prefería evitar el sueño, y escribía de noche. Salvo los paseos de Rulfo y las salidas al gimnasio, mi vida era interior. Las parejas y las relaciones íntimas habían quedado descartadas —«digamos mejor "aplazadas"», me corregía mamá— y eso, que en un principio me había provocado una sensación de vacío y de condena a un futuro defectuoso, fue transformándose en una manta de alivio cada vez más real. Se podía vivir sin. No hacía falta un «otro» para estar completo. Rulfo era compañía, si compañía era lo que necesitaba. Rulfo era una presencia a mi lado que no me exigía más esfuerzo que ocuparme de él. Sorprendentemente, el vacío de un humano que había dejado en mi casa mi última pareja resultó ser un hueco que no necesitaba llenar con nada. Estaba bien el vacío. Estaba bien verme desde arriba. Y luego estaba el sexo. O el no sexo. Con él llegó el alivio. Empecé a sentir que no tener sexo quizá no era sinónimo de fracaso, sino simplemente carencia de, y que, en mi caso, el alivio llegaba poco a poco acompañado de una sensación de libertad y de ligereza que yo desconocía. Empecé a reducir esa larga lista de «Tengo que» de mi día a día, exigiéndome menos perfección, menos control.

El único «Tengo que» que no admitía demora ni renuncia era Rulfo: sus comidas, sus paseos... Su cuidado.

Fue como una de esas vacunas trivalentes que suman principios para encontrar la cura idónea. Decidí renunciar a las relaciones íntimas —físicas y emocionales— porque entendí que no sabía gestionarlas. Seguía estancado en la madeja de confusión que había quedado grabada en el Alejandro niño: el Hermano me había enseñado que el cariño y el placer existen en la medida en que son castigados después, que en cuanto aparece el sexo la confianza en el otro desaparece, porque el sexo la ensucia, nos ensucia y nos hace peores. Aprendí con él que querer mancha y que provocar en el otro el deseo sexual merece ser castigado y perdonado después, porque quien te castiga es el mismo que te quiere.

No ha habido más parejas desde entonces y quizá no las haya ya. Hasta que tenga la certeza de que soy capaz de confiar del todo en la persona con la que comparto mi cama no quiero desandar el camino recorrido. Desenredar la madeja que ha quedado insertada entre el cerebro y el plexo de un niño tan pequeño es una labor lenta y a veces agotadora, y seguro que muchos de quienes leéis esto pensaréis que quizá debería revisar menos y vivir más. Lo he oído a menudo. «No deberías ser tan dramático. Vive el aquí y el ahora e intenta olvidar. Lo que pasó, pasó y no tiene arreglo.» Para cualquiera de nosotros, los que tenemos esa clase de agujeros negros en nuestra biografía infantil, ese comentario suena exactamente como le suena a una persona con depresión cuando oye eso de «anímate, hombre. No estés triste. Si son solo dos días». Esas voces son las que abren nuevos agujeros negros —afortunadamente, son minúsculos y breves en el tiempo— que nos sitúan en el marco social en el que seguimos estando. Hablamos del aquí y el ahora como si pudiésemos desgranar el presente de todo lo anterior, como si cada vez que amanece fuéramos una persona nueva, que nace sin memoria, sin cicatrices, sin aprendizaje.

Sin responsabilidad sobre lo vivido.

Insisto, somos quienes somos porque somos la suma de todo lo que hemos sido hasta ahora: renuncias y decisiones, los caminos no tomados y sus finales, y también los caminados, todo eso somos, «a pesar de» muchas cosas y «gracias a» muchas otras. Y somos muchos instantes a la vez porque la mente es capaz de viajar por nuestra biografía sin un orden estricto. El tiempo no es lineal, sino emocional, de lo contrario sería imposible repasar toda nuestra vida en tres segundos mientras sufrimos un accidente y creemos que vamos a morir en él, o envejecer diez años en un día después de un duelo que nos arrasa el presente, partiéndonos en dos. El tiempo existe porque lo recorremos sin descanso, como el funámbulo sobre su cable, salpicado de *flashbacks* que aparecen sin buscarlos y de proyecciones en el futuro que nos mantienen alerta, «con vida».

No quiero dejar herido al niño que fui. Si lo hago, el adulto vive mal, quiere mal, respira mal.

Respirar. De eso se trata. Dejar hablar al cuerpo.

El mío respondió progresivamente a la terapia. Poco a poco, los brotes empezaron a espaciarse. A medida que desandaba al Alejandro que era, de la mano de Rulfo y de ese vínculo que sí había sido capaz de forjar con él, respiré mejor. La campana de cristal seguía allí —sigue aquí—, pero cuando nadie me veía, solos Rulfo y yo, la dejaba a un lado y el aire pesaba menos. La vida también. Y lo mismo le ocurrió a Rulfo. Pasó de ser un perro extrañamente arisco que evitaba los abrazos y que jamás lamía a nadie —ni siquiera a mí— a animalarse conmigo. «Este perro es el perro menos perro que conozco», rugía la mayor, desesperada cada vez que venía a casa y Rulfo ni siquiera se levantaba del suelo a saludarla. «Deberías llevarlo contigo a terapia.» No iba demasiado desencaminada. De hecho —y eso fue lo mágico de mi relación con él—, Rulfo era el retrato exacto de lo que veía en mí, mi imagen interna expuesta a la vista: lejano, mudo, reacio a los abrazos, que aceptaba a regañadientes, vigilante siempre, enemigo mortal de cuanto perro macho se cruzara en su camino, con independencia de su raza, tamaño o intenciones. Rulfo era un catálogo de carencias cuya existencia yo vivía con un sentimiento de culpa al que, delante de los demás, intentaba quitar hierro, bromeando sobre esa simbiosis maldita entre los dos. Pero dolía. Dolía verlo crecer así, tan mermado de expresión y tan lejos de todo lo que no fuera yo. Dolía porque me veía a mí en él y porque esa era su manera de expresarme su lealtad. Tú carente, yo carente. Tú solitario, yo solitario contigo. Tú desconfías, yo desconfío por los dos. Dolía ver en él al humano que no le correspondía ser.

—Es un perro hipersensible y muy inteligente —me dijo

el etólogo que vino a verlo. Rulfo lo estudiaba atentamente, sin perdernos de vista a los dos—. Puedo intentar tratarlo, pero si tengo que serte sincero, no sé qué es lo que falla —concluyó—. Parece muy plácido. Y muy bueno.

Y lo era. Aunque algo no estaba bien, y yo lo sabía. No estábamos bien, ninguno de los dos.

Despacio, a medida que fueron transcurriendo los meses, las cosas fueron cambiando, y curiosamente lo hicieron para ambos. Los brotes de la enfermedad empezaron primero a espaciarse y, lentamente, también a acortarse en el tiempo. La veleta parecía haber empezado a girar a nuestro favor y con ella también el comportamiento de Rulfo. Durante los días en que no me encontraba con fuerzas para salir, decidí dejar sus paseos en manos de Irene, una chica que trabajaba en la recepción de la clínica veterinaria y que a mediodía y a última hora de la tarde paseaba perros. Aunque no fue fácil al principio —Rulfo adoraba a Irene, pero odiaba a sus compañeros de paseo y, sobre todo, odiaba no tenerme cerca—, terminó acostumbrándose a esas dos horas de salidas sin mí. Y, poco a poco, mientras yo avanzaba en mi trabajo personal, Rulfo fue aprendiendo a ser perro, libre de mi mirada.

Y un día ladró.

Fue como si el tiempo hubiera estado congelado durante casi tres años y de repente alguien le hubiese dado cuerda a un reloj que no habíamos visto y una vibración casi imperceptible impregnara el aire. Recuerdo que Irene había salido con él y yo me había sentado a terminar un informe de lectura. Casualmente —o no—, el libro sobre el que estaba haciendo el informe era *La puerta*, una magistral novela de Magda Szabo que una editorial pequeña me había dado a leer y que yo había devorado en veinticuatro horas. La novela presenta a la protagonista más entrañable, odiosa, admirable, humana, terrible y generosa que yo he encontrado nunca en una obra de ficción. Es imposible no enamorarse de Emerenc, esa mujer mayor que me robó la curiosidad lectora desde el minuto uno, sobre todo por la relación que mantiene con el perro de la mujer en cuya casa trabaja. Desde que empecé a leerla, en su traducción al francés, no pude dejarla. Mujer y perro eran un mundo en sí mismos, perfectos los dos en la compañía mutua, aprendizaje puro, obra maestra de animalidad y honestidad. Leí y leí, impregnado de esa relación. No pude dejar de leer en ningún momento. Cuando, una hora más tarde, Irene y Rulfo regresaron, ella le abrió la puerta para que él entrara y se marchó, como siempre. Un par de segundos después, Rulfo entró muy decidido en el estudio, vino hasta mí, se sentó a mi lado, me miró muy fijo y de repente hizo algo que no había hecho en los tres años que llevaba conmigo en casa.

Ladró.

Una vez.

En ese momento, todavía con las manos sobre el teclado, sentí como si acabara de contarme el secreto más íntimo que nadie me había confiado nunca. Acababa de oír la voz de mi perro y ese ladrido era yo. De pronto, durante las décimas de segundo que había durado el ladrido, en mi campana de cristal se había abierto una grieta y un pequeño soplo de calor se había colado por ella desde fuera, trayendo con él un barrido de imágenes y recuerdos del exterior. Estaba tan impactado y nervioso que intenté llamar a mi madre para contárselo, pero entre que me temblaban los dedos e intentaba dejar de llorar para poder ver las teclas era incapaz de marcar la contraseña y desbloquear el móvil.

Rulfo tenía voz.

No solo eso. No solo tenía voz. Tenía además —y eso me tocó empezar a descubrirlo apenas veinticuatro horas más tarde— muchas cosas que contar.

La primera, y de ahí ese ladrido tan grave y escueto que compartió conmigo, era que esa tarde en el parque había hecho su primer amigo, su primer amigo perro. Aunque eso no lo supe hasta el día siguiente, por boca de Irene.

—Es otro golden. Se llama Corso —nos contó cuando apareció a mediodía para llevárselo de paseo. Mamá había venido a comer y la escuchaba, toda atención—. Tiene la misma edad que Rulfo y al principio creíamos que se mataban. Pero no. No pararon de jugar hasta que nos fuimos.

Mamá insistió en que teníamos que conocer al tal Corso.

—Hay que saber —dijo, cogiendo el bolso y tirando de mí para que me levantara de la mesa.

No creí lo que vi.

En cuanto entramos en el parque y Rulfo vio a Corso —él lo vio mucho antes que nosotros— dio un tirón a la correa y a punto estuvo de llevarse a rastras a Irene, que afortunadamente lo soltó a tiempo. Lo que siguió, en cuanto llegamos a la inmensa extensión de césped donde en ese momento corrían y jugaban un montón de perros, nos dejó mudos. Rulfo y otro golden blanco como él se perseguían por la hierba, mordiéndose y jugando como dos cachorros y ladrándose sin descanso. Mamá se sentó en un banco y yo la acompañé, los dos sin decir nada. Aquel no podía ser Rulfo. La alegría desbordada, aquel morder sin morder, la capacidad de disfrutar sin control, ajeno a mí, tan entregado al juego… Estuvimos mirándolos correr y jugar durante un buen rato, en silencio. Irene se había acercado a un grupo de dueños de perros a los que conocía y charlaba con ellos.

De repente, mamá me puso la mano en el brazo y, sin perder de vista a Rulfo, dijo:

—Jandro. Esto no es una amistad.

Me volví para mirarla.

—Son novios —añadió, muy seria—. Rulfo está enamorado.

No me molesté en contestarle. Nos quedamos un rato más en silencio, más breve, y entonces la oí decir:

—De otro perro. —Me puso la mano en la rodilla—. ¿No te había dicho yo que sois idénticos?

Me reí y ella, al verme, se echó a reír a su vez. Y entonces ocurrió lo que nos ocurría siempre en situaciones como aquella: dejábamos de reírnos de lo que nos estuviéramos riendo porque ver reír al otro nos contagiaba del momento, de la complicidad y de ese hilo conductor tan único que es el humor entre dos personas que están unidas por él. Mamá tenía una risa contagiosa a la que era difícil resistirse, sobre todo porque era una de esas personas que se reía con el cuerpo entero, toda ella era disfrute en la risa, y eso siempre pudo conmigo. La risa la ayudó a vivir y a sobrevivir a los momentos más dramáticos, y esa densidad dramática estaba ahí cuando se reía, era hipnótica. La risa era su gran arma, hasta el punto de que a mí —y hablo aquí solo por mí, no por mis hermanas— me resultaba muy difícil enfadarme con ella y hacer durar el enfado porque, como mamá temía el conflicto por encima de todo, en cuanto hacía alguna de las suyas —que serían muchas y muy variadas desde su divorcio y su nuevo estatus de mujer independiente— y yo empezaba a reñirla, ella se ponía tan nerviosa que le entraba esa risa floja y contagiosa contra la que yo nunca pude defenderme. Mis enfados duraban lo que tardaba en resistirme a su risa —algo menos de un minuto, diría— y a partir de entonces caminábamos juntos por ese cable del humor común, aligerándonos los dos, ella de la angustia por la posible bronca y yo de la culpa por no ser más comprensivo con ella.

Nos reíamos allí sentados, en aquel banco del parque, porque después de tres años de silencio por fin veíamos a Rulfo confiando en los suyos, encajando con su medio. Emoción, la risa compartida en aquel banco fue emoción, mucha, y fue sobre todo constatar que estábamos siendo testigos de algo que iba mucho más allá de la simple imagen de Rulfo siendo un perro feliz en la hierba del parque.

Había empezado a entrar un aire nuevo.

Las cosas estaban cambiando.

EL MIEDO, ESE GRAN SEDUCTOR

«¿Y no te da miedo que a partir de ahora el Alejandro escritor quede sepultado por este otro, por el denunciante? ¿Que se olviden del novelista y solo te conozcan por "el de los abusos"?»

Esta es otra de las preguntas que han aparecido de forma recurrente desde que todo empezó. Me la hizo en su día una escritora amiga durante una presentación conjunta y ha ido reapareciendo desde entonces, sobre todo desde que algunos colegas de profesión han sabido de la existencia de este libro y han querido saber. Mentiría si dijera que no la esperaba. Mentiría porque esa posibilidad —la de dejar de ser el escritor para convertirme en el «denunciante»— era y sigue siendo una variable que ya me planteé cuando decidí salir a la luz pública y que, no lo negaré, me hizo dudar.

He tenido ese temor, sí. Dudé, porque escribir me importa demasiado. Es mi forma de vida, no mi profesión ni tampoco mi oficio. Escribo porque transpiro por el poro escrito, es mi modo de relacionarme con el mundo exterior, el cable sobre el que camino y sobre el que, año tras año, obra tras obra, he ido entrenándome para que siga mereciéndome la pena seguir caminando. Y es que, por extraño que pueda parecer, la realidad es que hace muy poco tiempo que me he aceptado como escritor. De hecho, hilando fino, diría que empecé a presentarme ante los demás como tal hace apenas cuatro o cinco años, coincidiendo con el momento en que dejé definitivamente de traducir y la literatura se convirtió en mi fuente única de ingresos, y cuando digo «literatura» me refiero exclusivamente a mis libros, no a las actividades, actos, charlas y todo lo que se deriva de ellos. Durante mucho tiempo me ha dado vergüenza hablar de mí como escritor. Sentía que la palabra me quedaba grande, que era un traje que no contemplaba mi talla. La situación empeoraba y la incomodidad era casi insoportable cuando oía a alguien referirse a mí como «poeta». Poeta, escritor, novelista, artista… Hasta entonces, temía que si era yo quien lo decía —incluso si me lo decía a mí mismo—, ahí fuera el mundo se reiría de mí, acusándome sin decirlo de querer ser lo que no era.

De nuevo el impar, el que no pertenece.

El miedo no se ha ido. Aparece y desaparece, cada vez con menor frecuencia, pero está. A veces, cuando me invitan a formar parte del jurado de un premio literario o a una feria del libro en el extranjero, mi primer impulso es pensar que seguramente han recurrido a mí porque habían invitado a alguien que a última hora les ha fallado, o porque sencillamente se han equivocado. Cuando oigo o leo cosas sobre mí que incluyen expresiones como «un autor de referencia», «uno de los escritores más nosequé de…», intento no mirar a mi alrededor por temor a enfrentarme a una mirada que identifique en mí al Alejandro que soy, lo que soy, que reconozca mi verdad, porque en el fondo sigo viéndome como aquel chico de treinta años que empezó publicando en una editorial con la que siempre había soñado trabajar y que desde entonces vio como el sueño se truncaba y lo que él creía que iba a ser una carrera literaria fácil quedaba varada en la cuneta, sin explicación lógica alguna. A partir de esa primera etapa plácida, llegó una dinámica extraña que a punto estuvo de llevarme a abandonar: publicaba en una editorial y al terminar la obra siguiente tenía que empezar a buscar desde cero un editor nuevo, un nuevo sello en el que poder instalarme a crear con la seguridad de que no iba a vivir un desahucio a las primeras de cambio. Publiqué mis primeras siete novelas en siete editoriales distintas. Ninguna de ellas quiso seguir conmigo. «Qué raro que hayas publicado con tantas editoriales, ¿no? Ten cuidado, a ver si te vas a ganar la fama de autor "difícil"», me han repetido a lo largo de los años. Y yo callaba, callaba porque la verdad era peor que la sospecha. «No soy yo», era lo que no respondía. «Es que no quieren repetir.» Pero contarlo era exponer mi fracaso, era decir «no duro porque no valgo». Había que ocultarlo. Recuerdo a un editor que, después de haber leído la nueva novela que había escrito para él, me sentó en su despacho y me dijo:

—Me encanta, Alejandro. Ya sabes que me gusta mucho lo que haces. Pero… —Había un pero, claro, como lo había habido en todas las reuniones con los editores que le habían precedido—. La verdad es que no sé cómo venderte, ese es el problema.

No supe qué decir.

—Si fueras una mujer, sería todo mucho más fácil —se explicó—. No hay un nicho exacto en el que hacer encajar tu obra y para mí eso es un problema, sobre todo cuando toca convencer a los comerciales de la casa. Escribes sobre mujeres, muchas veces con sus propias voces, desde dentro, pero eres un hombre. No tengo en el sello a ningún otro autor así y, sinceramente, no sé cómo hacer que funcione. Lo siento.

Siete novelas para siete editoriales, suena hasta de chiste. Cada vez que escribía una nueva obra, volvían la ansiedad y el pánico a que terminaran de cerrarse todas las puertas, confirmándose así lo que yo sospechaba en secreto: que no valía, que nunca sería la mujer que aquel editor pedía, ni el escritor lo suficientemente *mainstream* que el otro esperaba, ni lo bastante exquisito para aquella otra. La infinita cadena de «noes» se alargaba peligrosamente en el tiempo. A veces, víctima de la desesperación, bromeaba con mi representante sobre la cantidad de negativas que recibían mis novelas cuando tocaba esperar respuesta. «El coleccionador de Noes», así firmaba yo a veces los e-mails que intercambiábamos durante esos años de negativas y rechazos.

Pero ella siempre estuvo. Sigue estando, como también sigue haciéndolo mi psicóloga. Ambas son parte de mi biografía y también de mi intimidad, por eso son tantos los años de vida en común. Por eso están.

Aunque yo quería hablar del miedo.

Durante muchos años he escrito sin pertenecer, sabiendo que la casa donde vivía —mi editorial del momento— ya no me quería y había que mudarse, cruzando los dedos para que apareciera otra a tiempo y para que el casero no quisiera deshacerse de mí transcurrido el primer año de contrato. Siempre que terminaba una obra empezaba para mí lo peor, todas esas muestras de rechazo que durante años viví mal, porque el mensaje que leía en ellas entraba directo a lo personal. Ahora sé que una buena parte de ser escritor es eso: aprender que los editores no son amigos cuando te quieren y enemigos cuando no lo hacen. Muchas veces es justo lo contrario. Escribir para publicar es entrar en un laberinto de espejos para el que hay que estar personalmente preparado. En ocasiones un «no» aparentemente catastrófico no es más que el camino a un «sí» que jamás habría llegado de no haber salido rebotado a tiempo de ese peaje. Escribir es también entender que nadie te odia sin conocerte. Ningún editor es tan torpe como para rechazar una buena obra porque te odie, y menos si no sabe quién eres. Y si es así, enhorabuena. No es un buen editor. Escribir es escribir. Publicar es saber esperar.

El miedo, ese gran seductor.

Tengo cincuenta y cinco años y, extrañamente, siento que no guardo ningún rencor. Lo sé, insisto en el rencor, pero lo hago porque ese es otro de los puntos en los que las víctimas de abusos en la infancia sufrimos un cuestionamiento adicional. Parece que estemos obligados a mantener vivo el rencor contra quien nos agredió —o abusó de nosotros— y que, si ese rencor no existe, es que quizá el abuso no fue tal, o no lo fue tanto. Cuando hablamos y denunciamos, se calibra nuestra verdad en la medida en que el rencor alimenta nuestra memoria, y no siempre es así. Vivir durante cuarenta años alimentando el odio en el recuerdo es un precio demasiado alto para el niño o la niña que todavía somos. El rencor es, en nuestro caso, el mayor enemigo de la cordura y un lujo que muchos no podemos permitirnos, porque la línea que marca la frontera entre locura y cordura está siempre ahí, junto al camino, avisando.

Quizá cuando lean esto, tanto mi terapeuta como mi gran

amigo Christian —magnífico psicólogo donde los haya— me reñirán por haberme expuesto demasiado, pero creo que mi compromiso con el mensaje que quiero hacer llegar con este libro debe ir más allá de ese temor. Hay una verdad que no he contado todavía. Es un detalle a la vez pequeño y enorme, una muesca grabada en piedra que da la dimensión de lo que supone —o de lo que ha supuesto, en mi caso particular— haber pasado por lo que pasé de niño.

La verdad es esta: en los cuarenta y cinco años que llevo de terapia, es ahora, después de mi declaración pública de lo que ocurrió, cuando hemos empezado a tratar la cuestión de los abusos en las sesiones con mi psicóloga.

A lo largo de todo este tiempo, he mencionado el asunto en una ocasión —solo una en estos últimos quince años y nunca con las terapeutas anteriores—, pero lo cierto es que nunca quise, supe, pude o me atreví a abordarlo en profundidad. Y, leyéndome, habrá quien se pregunte cómo es posible que haya esperado tanto para hacerlo, e incluso habrá quien se cuestione la profesionalidad o idoneidad de mis terapeutas.

—Entonces, ¿qué habéis hecho durante todos estos años? —ha sido la pregunta, a veces formulada directamente, a veces simplemente insinuada—. Qué raro, ¿no?

Hemos trabajado mucho, semana tras semana, extrayendo capa tras capa de sombra como se extraen las capas de piel de un cuerpo quemado pero vivo. Años de bisturí, curando lo superficial y avanzando con delicadeza hacia el epicentro del daño. La realidad es esta: muchos de nosotros necesitamos ayuda durante tiempo indefinido, pero no para abordar la violación en sí misma, sino para lidiar con las secuelas que el trauma ha dejado en el adulto en el que nos hemos convertido. El trabajo con la psicóloga ayuda a sobrevivir, a no desesperar, a flotar, pero no se maneja en un tiempo concreto. Es una herramienta para tratar lo urgente, a la espera de que aparezca el momento de dar paz a la emergencia y centrarnos en lo importante.

A mis cincuenta y cinco años, por fin he empezado a abrir esa herida en el quirófano de la terapia. Hasta ahora me conformaba con aguantar el dolor de las curas para que el cuerpo resistiera y poder vivir. Conocer el alivio, con eso bastaba.

El rencor es un lujo al que no he tenido acceso, o quizá es que simplemente, en mi largo tratamiento de curas, todavía no hemos llegado a esa capa de piel. Lo desconozco.

Tenía —tengo— que vivir.

No sé odiar a ninguna de las personas que han pasado por mi vida y la han dejado mermada al irse: ni al hermano L., ni a quienes lo encubrieron, ni a mi padre ni a aquellos que vieron en mí un blanco fácil para el daño. Recuerdo, ahora que menciono el daño —y, de nuevo, es un recuerdo que me asalta ahora, mientras escribo—, un episodio de mi infancia que abrió una puerta de renuncias que ha costado mucho esfuerzo volver a cerrar. Ocurrió más o menos un año después del período de los abusos, yo debía de tener once años, quizá no los había cumplido aún. En aquel entonces era un niño alto para mi edad y había empezado a jugar a baloncesto en uno de los equipos del colegio. En realidad, ni era buen jugador ni disfrutaba en la pista. Me daba pánico hacer el ridículo en público y sobre todo me daba miedo recibir el impacto de la pelota en la cara; siendo pívot, aquello era poco evitable. Pero jugaba, sobre todo lo hacía por mi padre y porque tenía un problema de espalda a causa del estirón que había empezado a dar y al que, según nuestro médico de familia, el baloncesto podía poner solución. Y sufría. Era torpe, tenía poca coordinación y saltaba a la pista con una tensión asfixiante, porque justo entonces estaba entrando en la fase más dura de mis años de acoso escolar y toda exposición era para mí una amenaza.

Pero un día las cosas cambiaron. Nuestro entrenador cayó enfermo y apareció un entrenador nuevo, hermano de uno de los niños del equipo, y lo que hasta entonces había sido una extensión natural de mi vida fuera del polideportivo encontró en él un lugar donde alguien esperaba de mí a un Alejandro que yo creía poder ser. Sergio, que así se llamaba el nuevo entrenador, tenía un espíritu competitivo que yo no había visto nunca y que de repente descubrí en mí. Nos reconocimos en eso, en la autoexigencia, y de ahí partimos. En cuanto me sentí parte de su proyecto y entendí que con él la disciplina de equipo primaba sobre cualquier diferencia personal entre nosotros, me sentí aliviado y encontré en mí a un jugador distinto: seguro, luchador, entregado en el campo e incluso valiente. Papá, desde la grada, estaba encantado con el cambio, y yo con Sergio, que no tardó en adivinar que la mejor manera de sacar mi mejor versión era exigirme más que a los demás. El desafío, ese ha sido siempre mi motor interno. Que alguien me exija el doble de lo que a priori puedo dar ha sido durante décadas una muestra de que ese alguien me veía, de que yo le importaba. Sergio era igual. Me hacía dar más vueltas a la pista que al resto durante los entrenamientos; si me quejaba, me castigaba con ejercicios adicionales; más abdominales si llegaba cinco minutos tarde; una sesión específica después de un partido mal jugado para volver a repasar jugadas y movimientos; más tandas de lanzamientos si mi porcentaje no llegaba a la media. Mimarme era exigirme, y ese era el lenguaje que yo comprendía. De repente, el baloncesto se convirtió en un inesperado escenario seguro en el que me manejaba bien porque alguien en quien confiaba sabía «verme». Disfrutaba casi más de los entrenamientos que de los partidos, aunquc éramos un buen equipo y los resultados acompañaban. Papá no solo me llevaba los sábados a jugar donde tocara, sino que algunas veces venía también a buscarme después de los entrenamientos. Casi presumía de hijo. Fue una época benigna, por fin sentía que encajaba en un grupo, que a fuerza de resultados y de esfuerzo físico —y del apoyo de un adulto con autoridad que mostraba abiertamente su confianza en mí— formaba parte de algo. Era un principio, y yo creí que el cambio, si me esforzaba, se haría extensivo desde la pista de baloncesto a lo demás, que la solución al acoso constante que vivía en el colegio dependía únicamente de mí. Tenía que ser el mejor, esforzarme más, demostrar más, que mis resultados me avalaran.

Ahora sé que eso no habría ayudado. Al contrario, seguramente exigiéndome en clase más de lo que ya lo hacía habría terminado siendo una diana mucho más fácil. En cualquier caso, no tuve tiempo de ponerlo en práctica. Cuando mejor estaban las cosas, la veleta cambio de dirección y un nuevo viento nada benevolente barrió todo lo conseguido hasta entonces.

El Juli. Así se llamaba.

En el pabellón municipal donde entrenábamos se practicaban otros deportes, uno de ellos era el boxeo. Había un equipo de chicos del barrio que entrenaban también allí. Eran mayores que nosotros, debían de tener entre quince y dieciséis años, aunque quizá la memoria me falla y fueran catorce. Durante el primer trimestre del año nunca los vimos. Entrenábamos en días y en horarios diferentes, pero a la vuelta de Navidad hubo cambios en la parrilla de horarios del pabellón y terminamos coincidiendo, aunque únicamente nos veíamos en el vestuario, cuando todos terminábamos nuestros respectivos entrenamientos.

No recuerdo cómo empezó. Solo sé que un día, en las duchas, que eran comunes, un par de chicos del equipo de boxeo empezaron a burlarse de mí, imitando mis gestos y mi forma de hablar como si yo no estuviera delante. El tal Juli, que era el que se duchaba más cerca de mí, soltó a voz en grito la típica broma de que mejor cuidaran de que no se les cayera el jabón al suelo a partir de ese día, porque cualquiera se agachaba conmigo en las duchas. Me hice el sordo. Ya estaba acostumbrado a comentarios como aquel y también a fingir que no iban conmigo. Afortunadamente, la situación no fue más allá, aunque no fue necesario: entendí que el aviso estaba dado y tomé buena nota de andarme con cuidado.

Fue a más. Siempre iba —va— a más. Eso yo lo sabía, como lo sabemos quienes hemos pasado por ello. Cuando te han localizado, estás perdido. Es una cuestión de tiempo. A partir de ese primer episodio, vives alerta, sabiéndote en el descuento, consciente de que ha de llegar el momento en que te tocará, de que está escrito.

Y el momento llegó.

Me había quedado un rato más entrenando con Sergio y con el otro pívot titular. Los dos habíamos estado poco concentrados en el entrenamiento y nos había tocado media hora extra de vueltas a la pista y de tandas de tiros. Al terminar,

Óscar, el otro niño, que vivía cerca del polideportivo, se había ido a casa y yo me había ido a cambiar al vestuario.

En cuanto entré, lo supe.

Estaba todo el equipo de boxeo cambiándose. Se callaron en cuanto me vieron. Pasé por delante de ellos hacia la segunda sala de vestuario, que estaba vacía, y empecé a cambiarme. De repente me tiraron una zapatilla por encima de las taquillas, que a punto estuvo de darme, y enseguida llegaron los gritos, las risas, las imitaciones con voces fingidas de mujer. Al poco cayó una segunda zapatilla. No era una situación nueva para mí, e intenté manejarla con prudencia. Me desvestí sin decir nada y me fui a la ducha, ignorando los insultos, los gritos y las provocaciones. A fin de cuentas, estaba solo con ellos y llevaba las de perder.

Ocurrió al volver de la ducha. Me había tomado mi tiempo, con la esperanza de que se hubieran marchado. Efectivamente, por lo que pude oír desde mi zona del vestuario, la mayoría ya no estaba, así que me relajé. Fue un error. Acababa de ponerme los calzoncillos y los calcetines y, en el instante en que me agaché para coger los pantalones de la percha, vi que una bolsa de deporte volaba desde el otro lado, pasaba por encima de las taquillas y caía a un par de pasos de mí.

Risas. Al poco, aparecieron El Juli y otro chico.

—¡Uy! Se me ha caído el bolso —dijo El Juli, imitando a una mujer y acercándose—. ¿Me lo das?

Intenté no seguirle el juego. Me agaché, cogí la bolsa y se la di. Él sonrió. Luego volvió a soltar la bolsa, que cayó a mis pies.

—Ay, se me ha vuelto a caer.

No hice nada.

—¿Me la das?

Seguí quieto, dudando.

—Con lo que te gusta agacharte, mariquita, no disimules, anda —dijo—. Dámela.

El otro niño estaba de pie, justo entre la pared y la esquina de las taquillas, cubriendo el único espacio de salida. En el vestuario no quedaba nadie.

—Déjame en paz. —Estaba aterrado e intenté que no se me notara, pero sabía que si se la daba, él volvería a soltarla. Al fondo, el otro chico se echó a reír.

—Uy, el mariquita habla —dijo El Juli, volviéndose para mirar a su amigo. Y justo en ese momento, moviéndose tan rápido que no lo vi venir, me soltó un rodillazo en el estómago, a la altura del esternón. Antes de que pudiera reaccionar, y aprovechando que yo me había encogido sobre mí mismo por el golpe, me cogió por la cabeza y me hundió la cara contra su bolsa—. A que ahora sí me la das, ¿eh, mariquita? —le oí decir, aunque no pude contestar porque el rodillazo me había dejado sin respiración y tenía la cara pegada al plástico duro de su bolsa.

Asentí con la cabeza.

Me soltó. Despacio, me levanté, cogí la bolsa y se la di.

El amigo le dijo algo, ahora no recuerdo qué, y El Juli se rio. Luego se puso la bolsa al hombro y me soltó un escupitajo en la cara.

—Qué asco das, chaval —dijo, dándome un empujón.

Esa fue la primera vez que me pegó. Desde esa tarde, todo cambió. Empecé a ir a los entrenamientos con miedo a coincidir con ellos. Siempre me las arreglaba para llegar tarde o para salir antes, y eso empezó a pasarme factura con Sergio.

«No tienes disciplina», me decía. «No sé qué te pasa, ya me parecía a mí que lo tuyo no iba en serio. Valiente espíritu de equipo el tuyo.» No me importaba que me castigara después del entrenamiento, porque así, cuando pasaba por el vestuario para recoger mis cosas —no había vuelto a ducharme en el polideportivo— me aseguraba de que no quedaba nadie. A medida que pasaba el tiempo, Sergio empezó a enfadarse conmigo. Las broncas eran frecuentes: decía que me veía distraído, que dónde me había dejado la garra, que así no. Y yo cada vez iba más tenso a entrenar, siempre vigilante de no encontrarme con El Juli ni con el resto. Y callaba, claro. Nunca dije nada. Lo del Juli era una de entre las muchas aristas con las que en aquellos años me había tocado lidiar. Otro frente, más urgente o más físico quizá, pero igual de agotador.

A veces, durante el entrenamiento, los chicos del boxeo pasaban junto a la pista de camino al gimnasio y yo sentía sobre mí la mirada del Juli y de algunos del grupo. Más allá de eso, de esa tensión, no ocurrió nada durante un tiempo.

Hasta que una tarde, después del entrenamiento, coincidimos los dos solos en el vestuario y entonces llegó lo demás. No quiero relatar lo que ocurrió allí dentro, no me gusta revivirlo ni contarlo. No me hace bien, porque es un tipo de violencia que no quiero que forme parte de mí, me duele que alguien la lea y me duele oscurecer la escritura con ella. Importa lo que resultó de eso, y lo que resultó fue que, mientras bajaba caminando del polideportivo a la estación —esa tarde mi padre no había ido a buscarme— con el cuerpo convertido en corcho, decidí que el baloncesto se había terminado para mí. No podía ser. No podía volver a ese vestuario.

Nadie lo entendió. Ni mis padres ni mis compañeros, y,

menos que nadie, Sergio. Me presenté un par de días más tarde al entrenamiento siguiente un poco antes de la hora y lo encontré preparando todo el material en la pista. En cuanto le dije que no iba a seguir en el equipo se puso hecho una fiera. No aceptó mi decisión porque yo no supe darle un motivo claro. «No estoy motivado, ya no me divierto, me gustaría probar otra cosa, quizá el tenis, esto no es para mí...» Aguanté su discurso sin chistar, intentando no derrumbarme. Sergio hablaba dolido porque me tenía tanto cariño como yo se lo tenía a él, y se tomó mi renuncia como algo personal. Después de la bronca se ablandó y quiso convencerme para que lo pensara.

—Tómate unas semanas —sugirió—. O ven a entrenar solo un día a la semana, si quieres. A ti esto te gusta, chaval. Y además vales. Hazme caso.

Me costó un mundo no dejarme convencer para que me quedara. Finalmente me marché, triste por él y a la vez aliviado por mí, sabiendo que no iba a tener que volver a pisar aquel sitio.

Esa noche, en la cama, lloré hasta quedarme dormido. Desde entonces hay dos pesadillas que me visitan en sueños todavía ahora: una me lleva de nuevo al vestuario y a lo que ocurrió con El Juli. En la otra, estoy acostado en mi cama —en la cama que tenía cuando era niño— y de repente siento que tengo a alguien detrás, pegado a mí. Su mano me ha atravesado la espalda y está intentando arrancarme el corazón mientras su sudor va empapando la sábana, y cuando por fin tiene mi corazón en su mano, me despierto, a veces sin aire.

Aun así, no guardo rencor al Juli ni a los demás chicos de aquel grupo. Quizá sea simplemente que, como el amor o el odio, el rencor es uno de esos vínculos que requieren de un compromiso demasiado profundo y que desde mi campana de cristal esa posibilidad no se da. Cuando pienso en ellos, lo hago desde este Alejandro que escribe, en paz con lo que recuerdo porque entiendo que si es recuerdo no es presente, y eso es alivio y el alivio puede con todo. Forman parte de lo que soy, de todo lo que me ha construido así —desgraciadamente, sí—, y tampoco me guardo rencor por haberlos dejado entrar en mi vida, ni por haber lidiado con ellos como lo hice en su día. No supe hacerlo mejor. No supe ser más valiente. Vivimos como podemos, intentando hacerlo con las herramientas que tenemos en cada momento. Juzgarnos ahora, desde el presente, es fácil y sobre todo injusto. Siempre que oigo o leo esos títulos y titulares que prometen soluciones fáciles a cuestiones vitales —«Tu vida depende de ti», «Ten la vida que decides tener», «Tú controlas tu vida»— reconozco en ellos el miedo de quien los escribe y también de quien los atiende. Es el mismo que yo he tenido durante décadas: a lo inesperado, a que ocurriera algo que desbaratara lo poco que tenía, a las sorpresas para las que no estaba preparado. Durante años ese fue el precipicio por cuyo borde caminé con mi mochila llena de titulares que hoy son solo sombras: estabilidad, tranquilidad, seguridad, que las cosas siguieran como estaban, cambios no, imprevistos nunca... Eso pedía. Poder controlar mi vida al milímetro para que nada saliera mal.

Hasta que un día, mucho después de aquella lejana tarde sentado con mamá en el parque viendo jugar a Rulfo en la hierba con Corso, su primer amigo, entendí que si seguía empeñándome en controlar mi vida como lo hacía, lo que realmente iba a conseguir no era evitar que me ocurriera algo malo, sino que no ocurriese nada. O, lo que es lo mismo, iba a morir sin haber vivido.

No tardé en comentar ese hilo de pensamiento con mi terapeuta. Su respuesta fue escueta:

—Para una persona que ha pasado por lo que usted ha pasado, no es fácil permitirse no controlar —dijo—. Pero tiene razón. El objetivo, lo deseable, es intentar dejar de desvivirnos por controlar la vida y empezar a desvivirnos por vivirla.

Es difícil. Cuesta aceptar que la vida tiene sus reglas, unas reglas que se inventan y reinventan sin avisar. Cuesta entender que, en un porcentaje muy elevado, nosotros sencillamente navegamos por ella, expuestos a mareas, tormentas, calmas reales o no tan reales. Cuesta decirnos que no somos los dueños de la vida, sino sus habitantes.

Sobre todo, cuesta entender que nos vamos a morir. Que en algún momento deberemos rendirnos y confiar.

Yo he tardado años en aceptarlo, casi tantos como los que tengo. Me he perdido media vida intentando evitar volver a sufrir, pendiente de que nada reavivase la llaga que quedó abierta en el Alejandro niño. Pero me equivoqué. Creía que si esa herida no volvía a sangrar, nada más dolería, que ya había superado el cupo de daño que mi vida tenía asignado. Qué inocente. La madurez se ha encargado de enseñarme que hay fuentes de dolor para las que es imposible prepararnos, porque solo las conocemos cuando las vivimos y porque sin ellas la vida respira peor. En mi caso, el daño ha llegado por las ausencias. Estos últimos cinco años, con la muerte de Rulfo y la de mi madre, me ha tocado conocer un dolor distinto, multiplicado por dos.

Hoy ninguno de los tres está.

Perdí al niño, a mi compañero de vida y también a mi madre.

Huérfano de presente, eso soy, ese dolor es.

Perro y madre. Desde que se fueron, siento que el tiempo que me queda es ese puente colgante que la muerte de mi madre ha tendido entre el hombre que soy hoy y el que seré en el momento de reencontrarme con ellos. Ya solo me queda asegurarme de que cuando me vaya habré dejado un mundo un poco mejor del que encontré al llegar: menos niños sufriendo abusos en manos de adultos; un bosque nuevo que crece ya en el trigal que un tractor ha cultivado año tras año bajo mi ventana, pequeño como una mancha de vida, que quizá alguien agradecerá aliviado desde un avión que sobrevuele mi casa, y, por último, una nube de personajes e historias que siguen emergiendo de mi imaginación y que aspiran a quedarse cuando yo ya no esté, para que quien me lea los adopte en su propia orfandad.

Si me da miedo que me reconozcan por haberme desnudado como lo he hecho y no por el escritor que soy, preguntan.

No. Ni siquiera me da miedo que dejen de reconocerme. Ya no. En estos últimos diez años he vivido tantas cosas hermosas gracias a la literatura que, de nuevo, todo lo que llegue a partir de ahora es parte de ese puente tendido hasta el momento final. Recuerdo hoy esos primeros años con Rulfo, cuando juntos empezamos a vivir un camino que fue de recuperación para mí y de descubrimiento para él, y, visto desde quien soy ahora, leo la trayectoria conjunta y respiro bien, agradecido. He sido un privilegiado, lo repetiré cuantas veces sea necesario porque siempre he sentido que aprendía de lo que vivía, incluso las veces que he estado a punto de ponerme fin.

Los años que siguieron a esa primera tarde que mamá y yo pasamos con Rulfo en el parque, compartiendo con él su primera amistad con otro perro, la enfermedad, con sus brotes, sus semanas de inhabilitación y aquel dolor muscular que me rompía por fuera y por dentro, fue menguando muy gradualmente hasta desaparecer del todo. Diez años, fueron en total diez años de rachas de dolor, fiebre y cama, y fue también un diagnóstico erróneo. El síndrome de fatiga crónica no tiene cura —de ahí su nombre— y lo mío, ese diálogo aprendido en la infancia que mi cuerpo había mantenido con el exterior de la campana de cristal para que alguien lo viera —me viera—, había encontrado su final. La relación de mi cuerpo con el dolor y su verbalización se remontaba a la infancia, a esas tardes de oscuridad y abusos enmarcadas en un silencio al que la terapia había enseñado a dar voz. La campana sigue ahí, separándome de todo lo que no soy yo, pero mi margen de movimiento es otro, hay más amplitud, más habitaciones, grietas por las que de cuando en cuando se cuela el calor que habita al otro lado. Fue un mal diagnóstico, es cierto, pero, aunque parezca extraño, hay una parte de mí que no lamenta haber formado parte durante esos años de un colectivo que ha tenido que luchar sin tregua para que su enfermedad fuera reconocida como tal y para que también a ellos los vean.

El síndrome de fatiga crónica y la fibromialgia tienen una cara B que es la que el enfermo más sufre: ambas enfermedades son un cúmulo de síntomas que se combinan dependiendo del paciente. En mis años de enfermo, el protocolo exigía que tuvieras más de seis u ocho de esos síntomas si pretendías ser «elegible» para que te diagnosticaran oficialmente con una de ellas. Yo llegué a tener doce. Recuerdo las visitas periódicas al hospital y vuelvo a ver una sala de espera llena de pacientes con la mirada baja, cansados no solo en la enfermedad sino por ella, vencidos por ella. En aquella época —recuerdo que en mis primeras visitas me sentaba con una residente y pasábamos un buen rato rellenando formularios eternos sobre síntomas, periodicidades, analíticas, etc., porque era el momento de crear el primer protocolo de la enfermedad—, uno de los principales anhelos de los pacientes era conseguir que nadie dudara de nuestros síntomas, aunque muchos de ellos no eran demostrables, con lo cual la relación entre el médico y el paciente se convertía en un acto de fe. Durante esas horas en la sala de espera —eran horas porque éramos muchos y una sola consulta—, cuando me animaba a pasear la mirada por mis compañeros y compañeras de enfermedad, me embargaba la misma vergüenza que la mayoría de ellos sentían. Impostores, para muchos éramos impostores, hombres y mujeres que se quejaban porque estaban cansados, «fatigados», y eso nos volvía unos flojos, gente de mala calidad, insolidarios en nuestra queja. «¿Y eso qué es, que siempre estás cansado?», era la primera pregunta que solía caer cuando compartías con algún conocido que tu enfermedad, la que te mantenía fuera de juego, se llamaba así: fatiga crónica. Y después, a menudo, lo que seguía era ese yoísmo que uno ya conocía y que te alejaba más de todo y de todos: «Pues yo estoy agotado, chico. A veces me quedaría en cama todo el día». Y después, antes de la despedida: «Descansa y cuídate, ¿eh?». Yo viví eso y vi también como, en vez de unirnos, la enfermedad nos violentaba. Vi en esa sala de espera a chicas muy jóvenes que se movían con la ayuda de madres, padres o amigas. Vi parejas agotadas, mucho silencio, ganas de no estar allí, de no estar en ninguna parte. Oí historias de mujeres que llevaban luchando contra una enfermedad cuyos síntomas las incapacitaban para cosas tan necesarias como abrazar a sus hijos, porque los brazos no se levantaban, no había fuerza, los pulmones no se llenaban. Quienes pasábamos largas esperas en aquella sala no teníamos futuro porque lo único que teníamos eran síntomas. Yo aprendí con ellos que el dolor no se ve ni se toca, y aun así existe. Aprendí que no podemos medir el sufrimiento de los demás tomando como referencia el propio, que cada persona tiene su propio umbral de dolor y una capacidad de sufrimiento distintos.

Esos primeros años de visitas hospitalarias fueron una lección de realidad que no he olvidado ni olvidaré jamás. Las salas de espera en los hospitales son un mosaico de fragilidades, miedos, esperanzas y fortalezas como no hay otro. Humanidad en estado puro.

¿Cómo voy a temer, después de lo que he vivido, visto y oído, que dejen de ver en mí al escritor y vean en cambio al hombre que pide en voz alta que quien tenga la potestad para ello actúe para que ningún niño sufra lo que yo viví? ¿Qué clase de persona sería si antepusiera el Alejandro escritor al hombre que quizá —y digo solo «quizá», porque mi capacidad de obtener resultados es la que es— puede proteger a un solo niño o niña de ser víctima del maltrato y el abuso que los dejará atrapados en una tela de araña de la que tal vez no logren liberarse nunca?

No. No tengo miedo a que cambie la mirada de los demás sobre mí.

Tengo miedo a dejarme la voz en el camino.

El resto es lo de menos.

EL TIEMPO, ESE PEQUEÑO ESCULTOR

Mamá se divorció de papá pocos meses antes de cumplir los sesenta y cinco años, cuando ya ninguno de nosotros lo esperábamos. Así somos: cuando el foco por fin se apaga y las expectativas que nos han paralizado durante años desaparecen, cuando quienes apostaban nos dan por imposibles y empiezan a abandonar la sala, cansados de repetirnos lo mismo una y otra vez, de repente damos el paso, casi a oscuras, pillando a propios y a extraños con el pie cambiado.

Así fue. Mamá se separó de papá y con su separación se desataron miles de frentes que ninguno de nosotros había previsto. A la separación propiamente dicha —tras los múltiples amagos y conatos fallidos que habíamos vivido en los últimos treinta años, era impensable que nos tomáramos en serio su anuncio— siguió una concatenación de precipitadas decisiones tomadas sobre la marcha que revolucionaron el pequeño mapa familiar que ya creíamos inmutable.

—No pienso volver. Esta vez no —nos aseguró mamá en el bar que estaba debajo de su casa. La mediana y yo nos miramos y pensamos lo mismo: «Ya, claro. Hasta que papá la llame y vuelva a prometerle que esta vez va a cambiar de verdad y le pida que lo perdone y que queden para hablar, porque "dos personas que se quieren tanto no pueden dejarse así"». Siempre la misma escena, siempre idénticos principio, desarrollo y desenlace. Estábamos los tres muy cansados, cansados del mismo ruido sin que nada cambiara—. Ahora que la abuela ya no está, creo que puedo —añadió, echando el contenido del segundo sobrecito de azúcar a su café con leche.

Me la llevé a mi casa, a la espera del consabido contraataque de papá para recuperarla. Mamá se instaló en la cama del estudio, extrañamente tranquila. Al cabo de una semana, quizá menos, llegó el contraataque, pero trajo consigo una sorpresa: papá no quería una reconciliación, sino que llamó para pedir una separación definitiva.

—Me gustaría saber cuándo piensas marcharte, qué día exactamente —le dijo a mamá al teléfono—. Estoy pensando en deshacerme de nuestras dos camas y comprar una de matrimonio, de esas americanas con el colchón enorme.

Aunque no esperábamos esa reacción de papá, en realidad la agradecimos. Todos menos mamá, claro, pues, en el fondo, en ningún momento había creído que hablara en serio. Acostumbrada como estaba a que él jugara con ella al gato y al ratón, moviendo los hilos a su antojo, de pronto se vio huérfana de su ventrílocuo particular y se enfrentó al abismo de soledad e independencia que se abría ante sus ojos. La llamada la obligó a aterrizar en suelo real y nos tocó sostenerla para evitar que el impacto pudiera con ella. Rápidamente, junto con la hermana de mamá, la encapsulamos en su incredulidad para que el desánimo no derivara en depresión, graduando noticias, limando verdades y ocultando algunos movimientos de papá, al tiempo que ella se instalaba en casa de la mediana con la docena escasa de cajas que habíamos rescatado del piso en el que había vivido con papá y una planta inmensa que él amenazó con tirar a la basura en cuanto se quedara solo en casa.

Fueron meses intensos, medio año de novedades diarias, con mamá negándose a creer que papá no la llamase para reconsiderar su postura y la chantajeara con la culpa por haberlo dejado solo en casa, tan desprotegido y falto de ella como lo imaginaba. Pero el silencio de papá no fue eterno. Cuando por fin llamó, lo hizo para rematar a mamá.

—He pensado que lo mejor es que, ya que hemos tomado la decisión, demos el paso y nos divorciemos, cuanto antes mejor. No quiero seguir siendo una carga para ti —dijo.

El divorcio.

Hubo que lucharlo. Hubo abogados y hubo también que controlar a mamá para que no firmara todo lo que papá había decidido por y para ella. Tuvimos que defenderla de él, porque estaba tan dolida, tan triste y descolocada por el cambio de actitud de papá que no acertaba a reaccionar. Habría firmado lo que fuera para terminar con aquella pesadilla.

Mientras tanto, ocurrieron otras cosas no menos importantes, aunque casi tan sorprendentes como lo de mamá. Por un lado, la enfermedad —la mía— parecía haberme dado una tregua. No había brotes, dolor, ni respuesta física a situaciones que conllevaran un mínimo de estrés emocional. Mi cuerpo, que habitualmente caía enfermo en episodios menos tensos y agitados que el que estábamos viviendo con mamá, parecía haber dejado de hablar. Yo lo observaba, atento y desconfiado, temiendo sufrir un nuevo brote en cualquier momento, pero fue en vano. El trabajo con mi terapeuta seguía en activo. Todas las semanas continuaba sentándome en la butaca de la consulta y nos concentrábamos en ir despegando fragmentos de piel quemada de mi memoria, revisitando heridas y síntomas, entresacando ficha tras ficha del inmenso rompecabezas que seguía siendo mi presente. A pesar de que avanzábamos despacio, siempre que salía de la consulta lo hacía con la sensación de haber descubierto algo que importaba, de haber derribado un fragmento del búnker —minúsculo a veces— que seguía sirviéndome de refugio contra todo lo exterior. No había vuelto a tener ninguna relación en años, tampoco sexo. Pero... la literatura y mi vida con Rulfo habían ido regalándome momentos cada vez más plenos y también más frecuentes. Había recibido el encargo de traducir las nuevas obras de Jeanette Winterson, mi autora predilecta, e incluso tuve la suerte de poder hacerle una entrevista para la edición en castellano de *La niña del faro*. Sueño cumplido. Yo había conocido la obra de Winterson a principios de los años noventa del siglo pasado, gracias a mi profesora de narrativa inglesa de la universidad. Recuerdo que un día me crucé con ella en la puerta de la biblioteca de la facultad. Iba cargada con un montón de libros. Al verme se detuvo.

—Creo que tengo un libro para ti —dijo muy seria, repasando el montón que cargaba entre los brazos—. Cuando quieras, pasa a recogerlo por mi despacho.

A esas alturas, la experiencia ya me había enseñado que los libros importantes llegaban a mí así, siempre de manos de una mujer y en momentos en que buscaba una respuesta a algo que no sabía vislumbrar. No tardé en aparecer por su despacho. Curiosamente, en los dos días que había tardado en visitarla ella había cambiado de opinión.

—Iba a recomendarte esta —empezó, enseñándome una novela titulada *Fruta prohibida* que ni siquiera me dejó hojear—. Pero, pensándolo bien, creo que mejor esta. Toma, llévatela. Es un regalo.

Hasta ese día yo no había oído hablar de la escritora. El título tampoco me pareció atractivo, a pesar de que era una de esas ediciones cuidadas de Edhasa, en tapa dura y con una cubierta preciosa. Salí del despacho y me senté en uno de los viejos bancos del claustro de la Facultad de Letras. Era el mes de mayo y la actividad en la universidad había disminuido mucho: alumnos yendo a consultar notas, algunos exámenes pendientes, preinscripciones, papeleo... Después de una buena lluvia de primavera, empezaba a asomar el sol de primera hora de la tarde. Abrí la novela, entre curioso y desconfiado, y en cuanto empecé a leer supe que tenía entre las manos uno de *esos* libros, una «obra recordatorio», como en su día lo habían sido *La historia interminable*, *Un hombre* o, durante mi primer año de carrera, *Bomarzo* de Mujica Lainez. Leí sin parar las 166 páginas de *La pasión* y, cuando por fin cerré la novela, sentí —y digo «sentí» porque fue algo casi físico, más emocional que mental— que acababa de leer una novela escrita para mí y que, como ya me había ocurrido antes con las anteriores, el temblor interno que me había invadido durante la lectura y que seguía todavía ahí era el mismo que yo soñaba con provocar en quien me leyera, si algún día me atrevía a dar el paso e intentaba dedicarme a la escritura. Era eso, exactamente eso, esa música, ese otro universo que te dejaba temblando con el libro en el regazo cuando entendías que había alguien en algún rincón del mundo que era parte de ti y que no eras único, no estabas solo con tu lenguaje y tu paleta de colores. Esa compañía era.

Jeanette Winterson. No he comprado ni regalado tantos ejemplares de una novela como lo he hecho con *La pasión*.

Quince años más tarde de aquel día de mayo traduje *La niña del faro*, también de ella, al tiempo que recibí el encargo de revisar algunas traducciones anteriores, entre ellas *La pasión*. Con el tiempo llegarían otras novelas suyas, en las que trabajé mientras mi carrera de escritor empezaba a tomar forma. Junto con Gertrude Stein, las únicas obras en cuya traducción no me fue necesario echar mano del diccionario fueron las de Winterson. Sin saberlo, ella ha sido —con todos sus aciertos y sus errores, que afortunadamente los hay— mi maestra y mi compañera en la sombra. Todavía hoy, leo cualquier frase suya y, recolocada en vertical, sigue encajando sin esfuerzo con la radiografía de mi propia columna vertebral.

Eso es magia.

Es literatura.

Columnas vertebrales. Una madre, un padre, vidas en común... La familia.

El divorcio de mis padres fue una nueva piedra impactando en la lisura del lago. Las ondas que dibujaron en el agua marcaron una nueva casilla de salida para todos. La familia se rompía oficialmente y los afectos quedaron a la vista. De entre todos esos nuevos principios, hubo uno en el que tocó trabajar a conciencia. Me refiero a la relación con mi padre. No entraré en cómo gestionaron la mediana y la mayor ese nuevo escenario, porque estaría invadiendo un territorio que no me es propio. En mi caso, desde que mamá y papá se separaron definitivamente, hubo, por parte de papá y por la mía, un intento de acercamiento mutuo que, sorprendentemente, funcionó. Aunque las condiciones de la separación fueron las que fueron —mamá terminó saliendo muy mal parada en el acuerdo final, y no solo en lo económico—, mientras duró el proceso de divorcio el clima de cariño se mantuvo y papá y yo empezamos a llamarnos asiduamente para saber del otro. Quedábamos para comer en un restaurante que había en la esquina de su casa y en un par de ocasiones vino a verme a la mía. Llegó incluso a acompañarme en algún paseo con Rulfo y a mostrarse cariñoso con él. Quizá fue ese el gesto que realmente me animó a seguir apostando por esa nueva etapa de relación directa con él, puesto que durante el tiempo que Rulfo había vivido conmigo papá nunca me había dejado que lo llevara a su casa, porque decía que era demasiado grande y corríamos el peligro de que tirara a mamá o a tía Mercedes al suelo. A medida que pasaban las semanas, de algún modo los dos parecíamos encontrarnos cómodos en ese nuevo paso común y tímidamente, cada uno a su manera, nos lo demostrábamos.

Fueron meses extraños. Mamá sufría por papá mientras los abogados negociaban el divorcio. No podía evitar imaginarlo solo en casa, incapaz de entender cómo habían llegado a tanto, desorientado en su ausencia. Sentía que le había fallado y la culpa la rondaba de cerca. Ese era además el escenario que confirmaban los mensajes que recibía de los amigos comunes: papá estaba solo y muy triste, intentando adaptarse a su vida sin ella, echándola de menos, aunque conformado con la decisión tomada y evitando caer en la depresión, y mamá, empujada por la pena, insistía en que cuidáramos de él.

—Id a verlo, sacadlo a comer —nos animaba, preocupada—. No os olvidéis de él. Os necesita.

Lo hicimos. Durante todo ese tiempo, celebramos nuestros cumpleaños con mamá primero y después con él y con tía Mercedes. Nos desdoblamos para las ocasiones que lo requerían y conseguimos que en el curso de esos meses todo transcurriera dentro de una amable y artificiosa burbuja de convivencia renovada.

Hasta el día en que salió la sentencia de divorcio.

Hacía casi una semana que no tenía noticias de papá. La verdad es que su silencio no me había dado que pensar. No hablábamos a diario y yo había aprovechado la primera semana de diciembre para irme unos días con Rulfo al Pirineo. A mi vuelta, tenía un sobre esperándome en el buzón. En su interior encontré una copia de la sentencia de divorcio. En el texto había varios párrafos y frases subrayados con uno de esos marcadores fluorescentes amarillos. Además del documento, había una hoja de papel en el sobre que en un primer momento me pareció en blanco, pero en la que papá había escrito una única frase.

Esta es la última explicación sobre mi vida privada.

Lo último que quiso compartir conmigo fue la sentencia de divorcio. Me la regalaba con esa otra sentencia dedicada a mí.

No volverás a tener noticias de tu padre.

Desde esa tarde en la escalera de casa, nunca más volví a saber de él. Ninguno de nosotros.

Guardo esa carta en una caja con algunas cosas que mamá conservó de mis años en el colegio de La Salle. Es, después de todo, el único recuerdo que tengo de papá. No hubo nunca una foto de los dos solos, tampoco un regalo —papá nunca los hacía. Al principio, cuando éramos más pequeños, era mamá quien se encargaba de regalarnos lo que fuera en su nombre. Más adelante, él simplemente dejó de hacernos regalos por nuestros cumpleaños y por Navidad— ni cartas o postales. Durante los años que viví en San Francisco y en Chile —entre los veinte y los treinta— no hubo tampoco una carta, ni siquiera una postal. Nunca una llamada. De él solo me queda este sobre con la sentencia de divorcio y su nota. Hoy, al sacarla de la caja, he entendido por qué cuando tocó guardarla lo hice precisamente allí, junto con los cuadernillos de notas, las redacciones y los premios literarios escolares que mamá atesoró sin decírmelo durante su vida. Papá quedó guardado en esos años de infancia que no quiso darme, ha sido para mí lo que no tuve. Siempre, desde que tengo memoria, viví esperando que ocurriera algo que cambiase el color de su mirada conmigo. Esperé lo que nunca llegó y, a medida que fue pasando el tiempo, aprendí a conformarme con que no hiciera explícito su rechazo y a aceptar una tregua en una guerra de desgaste que yo nunca sentí mía.

El día que recibí la carta con la sentencia y leí la frase que la acompañaba, sentado en la escalera, entendí por fin que esa guerra, la de papá conmigo, había estado perdida desde el principio porque yo no había sabido pelearla y, de nuevo, sentí que mi padre había esperado hasta el último segundo para castigarme por ser yo, por haberle robado al hijo que no pudo tener.

Pero no le odié. Sentí pena por mí y también por él, por tantos años perdidos esperando a que me mirara de otra forma, anhelando sentirme «visto» por él. Y, a la vez, sentí también alivio. La puerta —la que nos podía haber unido— estaba definitivamente cerrada y no tenía sentido seguir esperando algo que no iba a llegar. Me había quedado huérfano y ya solo quedaba pasar el duelo por su abandono.

Todavía hoy, cuando repaso la sentencia de divorcio y la nota adjunta —que fue, en realidad, la verdadera sentencia—, pienso en lo torpes que podemos llegar a ser las más de las veces en la forma de gestionar lo que de verdad importa, y eso me lleva a pensar también en lo maravillosamente resiliente que es la condición humana: capaces de rehacernos de pérdidas y de golpes que, vistos en los demás, nos parecen devastadores y letales, pero que vividos en primera persona, aunque nos mutilen, nos rompan y nos mermen, no acaban con nuestra determinación de seguir adelante con la vida.

Sobrevivimos, como sea pero sobrevivimos. La pulsión de vida que nos habita es demasiado animal, demasiado pura como para rendirnos ante un golpe no mortal.

Solo la muerte puede con la vida. Para todo lo demás siempre está el duelo.

Papá desapareció así, divorciándose no solo de mamá sino de todos, pero el espacio que hasta entonces había ocupado entre nosotros no quedó hueco. Enseguida fue habitado por mamá y por la emergencia de su nueva situación: divorciada, sin casa propia, con una pensión mínima y una propina de ciento noventa euros al mes por los servicios prestados que papá había acordado con ella casi en secreto.

Cuando, meses más tarde, la ayudamos a instalarse en su apartamento, empezó su nueva vida con apenas nada: un sofá blanco del que se había encaprichado y que iba a tener que pagar a plazos, una dieffenbachia enorme que tuvimos que subir por la escalera porque no había forma de meter aquel monstruo en el ascensor, su perrita y la cristalería de los abuelos.

—Esta será mi última casa —dijo, sentada en una de las cajas llenas de ropa apiladas en el salón, mientras la mediana intentaba averiguar cómo se ponía en marcha el calentador eléctrico.

De pie junto a ella, la mayor y yo nos miramos. Viéndola así, con su Trufa en brazos, el apartamento vacío y la tormenta azotando los árboles de la plaza, ninguno de los dos confiaba en que mamá fuera a ser capaz de salir adelante sola. Durante sus sesenta y cinco años había pasado de hija a esposa sin un mínimo paréntesis de independencia, y ni el momento ni las circunstancias eran los óptimos para empezar a manejarse sin una de esas figuras de autoridad que hasta entonces le habían marcado el camino.

Nos equivocamos.

No imaginábamos lo que estaba por venir.

UNA SEGUNDA PRIMAVERA

Acabo de rescatar un gatito. Es blanco y negro y, después de conseguir que abriera los ojos, he descubierto que tiene uno azul y el otro amarillo. No es el primero que rescato. Todavía quedan por esterilizar dos de las gatas de la pequeña colonia que tengo debajo de casa —literalmente, debajo de la escalera de piedra que sube hasta aquí— y este año ha habido camada. Hace unos minutos he oído ladrar abajo a los perros. No eran los ladridos habituales. Cuando he salido, uno de ellos tenía un gatito entre los dientes y corría ya hacia el campo. Afortunadamente, he conseguido recuperarlo y ahora lo tengo aquí, envuelto en una toalla, durmiendo sobre mis rodillas. A veces suelta un suave maullido en sueños, nada más.

Así es la vida aquí, en esta pequeña burbuja de campo y bosque donde vivo: una gata pare, los meses dan colores distintos a los campos, el runrún de un tractor rompe a veces el silencio que nos envuelve, todo lo humano soy yo y las voces que me habitan mientras escribo este texto. Este rincón apartado de todo es mi lugar en el mundo. Llegué a él poco después de que mamá se instalara en su nueva vida en solitario. Tenía miedo, casi tanto como el que tenía ella al principio.

Los primeros meses viviendo sola se metía temprano en la cama, después de haber merendado, y me llamaba.

—Ya estoy en la cama —decía—. Ahora sí que ya no puede pasarme nada.

Mamá se había quedado doblemente huérfana: había perdido a la abuela y a papá en menos de dos años y la vida, la suya, parecía quedarle grande.

—No me gusta vivir sola —me decía a menudo—. ¿A ti no te angustia? ¿Cómo lo consigues?

El campo y esta casa desde la que escribo, con sus paredes de piedra, la estufa de leña y la quietud que lo envuelve todo, fueron una apuesta arriesgada. La ciudad te desoye, enredándote en una sutil maraña de compromisos, deseos y expectativas que nunca fueron tuyos, pero que a fuerza de inercia y presión externa terminan siendo lo que eres. Me mudé a esta antigua escuela porque quería darle una vida mejor a Rulfo —eso era al menos lo que yo respondía cada vez que alguien preguntaba— y porque tía Mercedes —después del divorcio de papá y mamá, también ella había optado por no volver a tener relación con ninguno de nosotros—, que era la propietaria del piso en el que yo vivía, decidió no renovarme el contrato de alquiler y me vi en la calle con tan poco margen de maniobra para encontrar un piso en condiciones que opté por la opción campo como algo temporal.

Aquí he vivido los mejores años de mi vida, también los más duros. Por una sencilla razón: cuando vives en el silencio —y me refiero a este silencio absoluto—, todas las voces que oyes son tuyas. No hay posibilidad de culpar a nadie ni a nada de lo que oyes. Está todo en tu cabeza. Mucha gente no lo aguanta y lo entiendo. El secreto es entender que no hay secreto: día a día hay que ir reconociendo cada una de las voces y saber de dónde vienen, por qué están ahí y qué dicen de ti. La mayoría de ellas hacen ruido y suenan mal: «Mira que eres torpe», «Quién te manda, si sabes que eso no te sale nunca», «Seguro que si no me contestan es que no, claro. Lógico». De esas voces hablo: una música que entreverada con el ruido de la ciudad apenas distinguimos, pero que cuando a nuestro alrededor no hay nada más que silencio suenan como lo que son.

Un hombre solo. El campo me ha enseñado a entenderme así y, de paso, a vivirme así. Soy solo —una unidad que se entiende como autónoma/aislada de todo lo que la rodea— y estoy solo. Son cosas distintas. Una puede existir sin la otra, o, como es mi caso, pueden también coexistir.

«Pero eso no quiere decir que no estés abierto a incorporar a gente a tu vida, ¿verdad?», preguntan preocupados quienes acaban de conocerme. También lo preguntaba mamá al principio, ella, que durante todos estos años siempre encontraba el momento para sincerarse conmigo y decirme, con esa voz de niña que lleva un par de días haciendo los deberes y necesita compartir la novedad para que dure:

—Yo creo que a lo mejor me está pasando un poco como a ti y ya empieza a gustarme lo del silencio.

Cuando mamá se descolgaba con una de esas confesiones, yo callaba e intentaba contener la risa, dejando que durante los segundos siguientes nos envolviera eso que ella llamaba «silencio»: la radio encendida en la cocina, la del cuarto de baño —también encendida y sintonizada en otra emisora—, la de su mesita de noche, que emitía una especie de zumbido crónico con el que mamá dormía la siesta y que acompañaba con la tele de su habitación, encendida permanentemente en el canal 24 horas y el endemoniado concierto casero de reguetón que invadía el comedor desde los móviles del grupo de adolescentes de la plaza.

Nos miramos y no pude aguantar la risa. Ella tampoco.

—Eres un demonio —dijo cuando nos tranquilizamos.

Mamá sabía tan bien como yo que su silencio era una orquesta de sintonías mal afinadas con las que convivía en su pequeño refugio, luchando contra los fantasmas de una soledad que nunca llegaría a aceptar del todo. Sabía también que conmigo no hacía falta fingir, no en lo que realmente importaba. Un rato después, cuando bajamos al bar de la plaza a tomarnos el café y contemplábamos en silencio a los grupos de escolares uniformados que emergían de las puertas de la estación a la plaza, dijo muy bajito:

—A veces, cuando me da esa cosa aquí —se señaló el esternón— y me siento sola, cojo a Trufita de la oreja y bajo aquí a tomarme un café con leche y a leer el periódico. Y se me pasa.

No dije nada. Los niños seguían llenando la plaza de gritos, patinetes y ese lenguaje que, aunque cambia de léxico, sigue comunicando lo mismo y con la misma intensidad.

—Es que Jaime, el dueño, me guarda el crucigrama. Y Trufita lo adora porque le da beicon —oí decir a mamá. Me giré y en ese momento la imaginé sentada a una de las mesas con su café y su cruasán, concentrada en el crucigrama que seguramente le costaba trabajo ver, y sentí una oleada de emoción que casi pudo conmigo. Fue una mezcla de cosas: admiración por lo valiente, pena por lo desvalida, un amor infinito por hablarme así, por estar tan cerca y por tener tanto que ofrecer a pesar de haberse quedado sin nada. Sentí que me picaban los ojos y sentí también que, si me hubiera atrevido, la habría abrazado. Muy fuerte.

Ella sonrió al ver que a sus pies Trufa rugía y le enseñaba sus dientes desordenados a una niña que, en toda su inocencia, se había acercado a tocarla.

—Es que... —volvió a hablar— lo que a mí me pasa no es que me guste estar en silencio como a ti. Lo mío es distinto.

—¿Ah, sí?

—Sí. —Se tomó unos segundos para pensar y después, agachándose a acariciar a Trufa para no tener que mirarme, añadió—: Lo que me pasa es que me siento tan bien sin tener que oír a tu padre que con eso me basta, aunque cuando me siento así de bien también me siento mala.

No supe qué decir. Ella se incorporó y entonces sí, entonces me miró.

—Pero esto no se dice, ¿verdad?

El alivio. Mamá y sus alivios ganados a pulso cada día que pasaba desde que papá ya no estaba en su vida. Había nacido, crecido y madurado sobre un denso lecho de cosas que no se dicen, silencios impuestos durante generaciones que, desde el divorcio, iban apareciendo en las casillas de sus crucigramas. Las invisibles, mamá se había convertido en una de ellas: esas mujeres ya mayores que, viudas, divorciadas, separadas o solteras, entienden que su vida es suya y que su momento es el presente. Esas mujeres son los pequeños momentos estelares de la humanidad, cada una en su nido, desbrozando sus propias biografías y revisándolas con una curiosidad renovada, inadvertidas por todos porque hace tiempo que dejamos de saber mirar. Como mamá, son guardianas de todos los «Esto no se dice» sobre los que crecemos y nos educamos, las que luchan para cambiar patrones y arquetipos sin esperar el reconocimiento del grupo. Son las que resisten.

Si la cultura sobrevive es, en buena medida, gracias a ellas, bien que lo sabemos muchos escritores y escritoras. No hay más que ver quiénes conforman los clubes de lectura, quiénes los organizan, llenan las salas de las bibliotecas cuando hay una charla literaria, promueven las visitas de autores a los pueblos e insisten a la autoridad competente para que la cultura en vivo no muera más allá de las ciudades. Son ellas las que hacen y rehacen porque durante muchos años no las dejaron hacer más allá de lo familiar, del grupo. Si eran solteras, cuidaban de los padres. Si casadas, del marido y nietos. Si viudas, solo nietos. Las cuidadoras estaban condenadas a no ser nadie por sí mismas y ahora muchas de ellas quieren juntar esos parches y, de algún modo, revisitar lo que pudo ser. Igual que mamá, se cuestionan lo que no se dice, tímidamente primero, activamente después. Se manifiestan, hacen comunidad, viven solas y muchas de ellas han descubierto o redescubierto la lectura y quieren más, quieren hablar, comentar lo que descubren, y a medida que comentan se reconocen y entienden, sorprendidas y aliviadas, que todas están llenas de falsos «esto no se dice», falsos porque no los eligieron ellas, porque con ellos las callaron durante décadas.

Mamá nunca tuvo acceso a las redes sociales por culpa de su visión. Apenas veía la pantalla del móvil y, cuando intentamos que accediera a internet a través del ordenador, le ocurrió lo mismo con el teclado. Se frustraba y rápidamente se activaba en ella el resorte mil veces oído durante su vida de casada, esa voz-martillo que la llamaba «tonta». «Eres tonta, cómo puedes ser tan torpe, tan inútil.» Lo intentamos con teclados adaptados, pero eso no hizo más que empeorar las cosas. Aun así, siempre fue una mujer muy lectora. Leía el periódico a diario y libros en papel con su lupa, y se las ingeniaba para manejar la agenda del móvil y llamar con él.

No hubo redes sociales para mamá, pero sí manifestaciones. Iba a todas, desde el primer día. A la del Orgullo, a la del 8 de marzo…, allí donde iba la mayor a manifestarse, allí la acompañaba mamá. No a esto, basta de esto otro… Como a muchas de «las invisibles», le emocionaba salir a hacerse oír y sentir que su voz y su presencia contaban por sí mismas. Y se emocionaba, llegaba exhausta pero radiante.

Aunque ella no pudo, son legión las que han aprendido a manejarse en las redes sociales, a pesar de que las voces de maridos, hijos y parientes no hayan ayudado a integrarlas. «¿Qué vas a hacer tú ahí, a tu edad?» «Un día, en cuanto te descuides, te va a llegar uno de esos correos que te estafan y verás.» «Si quieres leer, hazte socia de la biblioteca y lee, no entiendo para qué necesitas un ordenador a estas alturas, mamá.» No lo tienen fácil, pero están acostumbradas a los «noes», porque durante años, con cada iniciativa propia, despertaban en la familia el miedo a que la madre-abuela-esposa se despistara y en una de esas le diera por pensar en ella.

Las invisibles. Ellas son las grandes turbinas que mantienen en activo el grueso del fomento de la lectura en todos los países del mundo que he visitado como autor. Ellas proponen, disponen, organizan, deciden, compran, presionan. Sin ellas yo jamás habría sido el autor que soy. El ochenta y cuatro por ciento de mis seguidores (simplemente por una cuestión de mayorías aquí debería decir «seguidoras») son mujeres, y de ese grueso, el veinte por ciento tienen más de sesenta años.

Ellas han sido para mí no solo un gran descubrimiento, sino sobre todo el inesperado regalo que me ha hecho la literatura: han llenado salas y auditorios, se han organizado en zooms, meets y todo tipo de directos online desde los rincones más remotos durante los dos años de pandemia e incluso me han regalado una biblioteca que lleva mi nombre (diría, aun a riesgo de equivocarme, que es una de las bibliotecas más pequeñas del mundo, y está en un recoleto pueblo de Teruel llamado El Castellar). A diario se rebelan contra sus «Esto no se dice» particulares y las veo exponer sus miedos en público, oyéndose hablar entre sus iguales todavía con cierto pudor pero con idéntico orgullo.

Han sido ellas —sois vosotras, las que estáis desde el principio, ya las *Visibles*— quienes me han traído en volandas hasta el Alejandro que hoy, en estas páginas, escribe y cuenta. Ellas son las protagonistas en buena parte de mi obra y, sin quererlo ni saberlo, también quienes, después de décadas cerrado a los abrazos, consiguieron que volviera a abrazar.

Sé que parece extraño, pero —afortunadamente— la verdad a menudo lo es.

Y la verdad es que, sin todas esas mujeres en mi vida, seguramente yo no habría vuelto a abrazar.

No me habría atrevido.

EL LIBRO DE LOS ABRAZOS

«No se puede vivir sin, al menos, tres abrazos diarios.»

No es una frase mía, sino de una amiga mexicana que, tras vivir cuatro años en Osaka con el que hoy es su marido, abraza sin recato desde que se instaló en Barcelona, pandemia mediante. «Como el paracetamol», dice. «Un abrazo cada ocho horas es lo mínimo para sobrevivir en este pinche mundo.»

Tuve siete años de paz. Desde que mamá se instaló en su apartamento hasta diciembre de 2013, viví el único período de alivio absoluto que recuerdo haber conocido. Fueron unos años plenos, como si el tiempo emocional y el físico por fin se hubieran ensamblado, poniendo todos nuestros relojes en hora. El disfrute, eso fue: disfrutar de mamá en su nueva faceta de niña adulta, viéndola descubrir todo lo que hasta entonces no había podido vivir, y disfrutar también de mi recién estrenada vida en el campo con Rulfo. Todo estaba bien: mamá con su Trufa, explorando la ciudad y explorando también su independencia, y yo con mi vida en el silencio, aprendiendo a convivir con un perro en un hábitat que era más suyo que mío, dándole libertad, fuera correa, fuera límites, fuera control. Mamá y yo dedicamos esos años a intentar resolver cada uno su crucigrama, siempre conectados, libres de la oscuridad papá.

En mi caso, la enfermedad desapareció del todo, aunque tardé aún varios años en bajar la guardia y convencerme de que no volvería. No más brotes, no más semanas en cama, no más explicaciones.

No más dolor.

Y luego estaba la escritura.

O sobre todo.

Por fin, después de la larga travesía por un desierto del que a punto estuve de no salir, llegaron algunos reconocimientos literarios y con ellos mi dedicación a las traducciones empezó a tener menos espacio y también menos peso. Seguí, sin embargo, huérfano de editorial. A pesar de que conocí cierta tranquilidad y gané seguridad, mi voz y mi universo literario seguían sin encajar en un contexto agravado por una crisis que había llegado para quedarse y que redujo las apuestas ya escasas por valores no seguros. Y yo no lo era, al menos no en lo comercial. Gustaba, pero no vendía, y eso, en el mundo editorial, es una combinación que pocos desean. Tocó seguir remando, aunque ya con otro horizonte a la vista, con otra entereza, con otra edad. Los gastos que imponía mi vida en el campo eran tan escuetos que no temí nunca por el dinero. Con lo que tenía me bastaba para cubrir las necesidades básicas y para mantener a Rulfo, pagar a mi terapeuta y lo que mamá necesitara, lo demás era prescindible. Dos novelas finalistas en sendos premios con un anticipo generoso hicieron el resto. Había paz a mi alrededor, mamá se había descubierto como una mujer entregada a su nueva vida, feliz como no la habíamos visto nunca e impregnada de una alegría y vitalidad que lo contagiaban todo. Nuestra relación se estrechó, más directa aun sin el filtro de dificultades que imponían los celos de papá. Puso una segunda cama en su habitación —el apartamento que le habían asignado era para una sola persona y solo tenía un dormitorio— y algunas noches me quedaba a dormir con ella.

Y nos reíamos. Nos reíamos tanto... Éramos como dos niños que han conseguido quedarse solos un fin de semana y todo lo pueden porque nadie los ve. Nos quedábamos despiertos hasta tarde, viendo toda la telebasura que éramos capaces de digerir, cenábamos en la cama, salíamos a pasear con Trufa y en otoño nos íbamos al parque con una manta y dormíamos la siesta a la sombra, tan confiados siempre, tan seguros de que todo el peligro que podíamos haber vivido había quedado atrás... Cuando nos despertábamos de la siesta, íbamos directos a la heladería y, sentados en el banco de madera de la calle, caían un par de bolas de dulce de leche para ella y otras tantas de chocolate negro para mí. Ya no existía ese temor de que alguien nos llamara al orden, no había más voces que las nuestras. Lo que vivimos durante esos años fue lo más cerca que los dos estuvimos de poder confiar. Sentíamos que habíamos llegado a casa después de un larguísimo camino que, en muchos momentos, habíamos creído que no llevaba a ninguna parte.

Hasta que, en la Navidad de 2013, los viejos fantasmas cayeron sobre mí, despertándome de mi pequeña parcela de alivio y volviendo a enturbiar el aire.

Recuerdo la escena. Yo estaba en casa con Rulfo. Llovía, aunque había resultado ser un invierno atípicamente templado. Acababa de llegar del gimnasio y me estaba preparando la comida mientras veía el telediario. Era el día de la lotería de Navidad. El móvil tintineaba constantemente, cada vez que salía un premio de los gordos y mis hermanas o mi tía se quejaban porque, para no romper la tradición, no nos había tocado nada. De pronto, entre mensajes y comentarios, oí que la presentadora del telediario hablaba del héroe del día. Se refería a un hombre que había repartido un montón de décimos y participaciones entre los alumnos y la comunidad de un colegio de la provincia de Barcelona. La suerte había agraciado al número con el quinto premio del sorteo de Navidad. Dicho esto, siguió una conexión en directo con el colegio y, mientras en pantalla aparecía el hombre en cuestión rodeado de un montón de niños, la periodista lo presentaba como «El hermano L., el docente del colegio de un pueblo de la comarca del Maresme, en Catalunya, que ha repartido casi medio millón de euros en papeletas entre toda la comunidad del centro», para añadir a continuación: «El hermano y profesor más veterano del colegio La Salle de Premià de Mar, todo un emblema del centro, es también seguramente el más querido».

Dejé el tenedor en el plato y durante los segundos que duró la noticia no pude apartar la vista de la imagen que llenaba la pantalla: allí estaba el hermano L., posando como lo haría el entrenador de un equipo de fútbol de alevines después de una victoria, de pie en el centro del grupo y rodeado de una nube de niños felices que sonreían y lo miraban con adoración.

Nunca podré describir los segundos siguientes a aquel instante, en parte porque no los recuerdo bien y en parte también porque fue todo tan físico —tan fisiológico— que aun hoy me cuesta recomponer ese rompecabezas entre cuyas piezas se mezclaba de golpe todo lo espacial y lo temporal: pasado, presente, cuerpo, horror, temor, enfermedad, incredulidad... El Hermano estaba vivo, eso fue lo primero que me costó entender. Estaba ahí, al otro lado de la pantalla, encantado con su premio, vestido igual —o eso me pareció—, la misma boca..., el mismo gesto..., los mismos niños. «Seguramente el más querido», había dicho la redactora.

Todos esos niños.

Angustia. Enseguida llegó la angustia, una mezcla de náusea amarga y sorda seguida de un hormigueo que me recorrió el cuerpo como una descarga eléctrica continuada y de baja intensidad. Aquel hombre estaba vivo y seguía allí, donde lo dejé, como si los años me hubieran lanzado lejos de él, del colegio y del pueblo, como si yo fuera una especie de bumerán de largo recorrido, para devolverme a él así, cuando ya todo parecía haber quedado atrás, no olvidado, pero si lo suficientemente lejos como para poder tener más presente que pasado.

Vomité. Corrí al baño, me arrodillé en el suelo y vomité restos de comida, saliva, mocos y una especie de cápsulas de aire turbio que mis pulmones expulsaban intentando oxigenarse. Vomité hasta que no hubo nada que sacar y solo quedó el cansancio. Después hice una maleta pequeña, cogí a Rulfo y bajé a la ciudad, a casa de mi madre.

No preguntó nada cuando me vio aparecer con la maleta. Ahora sé y entiendo que supo leer en mi expresión que no era el momento de hacer preguntas. Como muchas madres, mamá sabía leer mis silencios.

—He pensado que me apetecía pasar el fin de semana aquí

contigo —dije, sentándome en el sofá a su lado—. Podríamos hacer alguna excursión o ir al cine.

No contestó. Rulfo estaba ya encima de ella, intentando lamerle la cara, y mamá, aunque encantada, fingía que no lo quería sobre sus rodillas, tratando de evitar los celos de Trufa.

—Claro —dijo—. Qué bien que hayas venido.

No fue solo un fin de semana. Mamá nunca preguntó. Aceptó mi presencia en su apartamento sin un solo comentario. Nunca una pregunta, nunca una sugerencia. Su casa era un nido en el que yo me encontraba seguro, esa segunda campana de cristal que necesitaba para protegerme de un mundo exterior que ocultaba a sus monstruos hasta que la mala suerte los resucitaba, empujándolos contra mí por la espalda. Me sentía tan inseguro que no me atrevía a estar solo en ningún momento. Rulfo parecía notarlo y, pese a que conmigo nunca había sido un perro cariñoso —con mamá y con mis hermanas era todo lo contrario—, esos días en casa de mi madre no se separaba de mí, atento siempre a mis movimientos.

Recuerdo las taquicardias y también las pesadillas. Cualquier imprevisto me arrancaba un jadeo. Tensión, exudaba tensión, y estaba tan irascible que era difícil aguantarme, incluso para mamá. Convivimos esas semanas como pudimos, yo aterrado ante la idea de volver a casa y enfrentarme a no sabía qué, consciente de que la tranquilidad y el alivio que había vivido durante los últimos años eran apenas una breve tregua de una guerra que aún no había concluido y que, a juzgar por mi propia reacción, iba a acompañarme siempre.

No sé cuánto tiempo más habríamos aguantado conviviendo los dos sobre esa alfombra sembrada de minas que yo había hilado con todos mis miedos en el apartamento de mamá. Afortunadamente, no hizo falta averiguarlo.

En el curso de la tercera semana ocurrió algo que cambió las cosas de raíz y que abrió la puerta a una nueva etapa en la vida de ambos que en aquel momento era imposible imaginar.

Fue por la tarde. Habíamos salido a merendar, esta vez sin los perros. La especialidad de mamá era el chocolate en todas sus versiones y un día a la semana había que ir a tomar chocolate con churros a una cafetería nueva que un matrimonio belga había abierto cerca de la plaza. Había sido un día especialmente tenso. Por la mañana, mamá se había caído en la calle cuando salió a comprar el pan y yo le había echado una buena bronca por no haberse puesto las gafas de sol. Después, como de costumbre, me había sentido culpable por haberle hablado así cuando ella se había mareado al levantarse de la siesta. Había tensión, mucha, y mamá y la tensión eran un binomio imposible. Fuera había empezado a llover y nos habíamos olvidado los paraguas en casa. Casi la culpé a ella por el descuido, pero no tuve tiempo de hacerlo porque en ese momento llegó Véronique a nuestra mesa con las tazas de chocolate.

Nos quedamos en silencio en el salón vacío de la cafetería, cada uno con su chocolate, mamá fingiendo estar muy atareada revolviendo el suyo y yo tenso con nuestros silencios, odiando la lluvia que nos esperaba a la salida y todavía enfadado con ella por el susto que me había dado por la tarde. Entonces, cuando la tensión prácticamente se palpaba con los dedos, mamá cogió un churro, lo sumergió en su taza y, antes de metérselo en la boca, lo agitó en el aire, salpicándome la cara y el jersey de chocolate, y dijo:

—Pues ayer por la tarde estaba tan aburrida que me tomé un Gelocatil.[1]

Me miró, todavía con el trozo de churro en alto y con una cara de inocencia tal que no pude aguantarme, y solté una carcajada que fue la primera de muchas y que mamá saludó con esa risa suya que lo contagiaba todo. Nos reímos, nos reímos mucho esa tarde, vaciándonos a partir de ese instante de toda la tirantez y de todos mis silencios cargados de cosas no compartibles con los que habíamos convivido durante las últimas semanas. Después de aquello, nos dio la risa tonta. Cuando mamá y yo empezábamos, no había manera de parar. Y no era solo la risa, sino el disfrute de reencontrarnos en ese punto los dos, de compartir esa visión exacta de lo que nos rodeaba y de nosotros mismos cuando la única posibilidad de enfrentarnos a las cosas era echando mano del humor. Era el mismo, nuestro sentido del humor era totalmente compartido, la misma incorrección, la misma complicidad casi infantil…

Siguieron pasando los minutos, entre la risa y los chocolates, hasta que de pronto ocurrió algo que puso el tiempo —nos puso— en pausa. No sé si sabré explicarlo como fue, porque incluso ahora me cuesta explicármelo a mí, pero intentaré ser lo más fiel a la realidad y a su recuerdo.

Cuando ya casi habíamos terminado de merendar, mamá apuntó que quería aprovechar la vuelta para comprarse unas zapatillas nuevas. En ese momento, estiró una pierna, que asomó por debajo del mantel, y añadió: «Es que estas ya no dan

1. Esta frase aparece tal cual en mi novela *Una madre.* El origen de la escena que aparece en la novela es este.

más de sí». Nos miramos, ella con cara de no haber roto nunca un plato y yo consciente de que mamá había salido a merendar en zapatillas, esas dos cabezas de erizo de felpa empapada con ojos de plástico que le habíamos regalado hacía un par de Navidades y que se habían convertido en su prenda fetiche. No pude decir nada. De repente, mientras ella se echaba a reír de nuevo al verme la cara y yo me dejaba contagiar una vez más por su risa, sentí que me despegaba de mi cuerpo y que, un segundo más tarde, nos estaba viendo desde arriba, como si acabara de transformarme en una de las luces led del techo.

Y nos vi. Y lo que vi me dejó sin aliento.

Allí estábamos los dos, una madre de setenta años y un hijo de cuarenta, sentados en una chocolatería vacía y riéndonos como dos adolescentes, mamá apoyada en mi hombro con la cara manchada de chocolate y la pierna estirada en el aire, enseñándome el erizo de trapo que llevaba en el pie. «Esto es un milagro», pensé. «Esta complicidad, esta forma de estar cerca, después de tantos años juntos y de todo lo vivido, este color de... cariño. ¿Dónde he estado yo todo este tiempo que no he sabido verlo? ¿Cómo no me he dado cuenta hasta ahora de lo afortunados que somos? ¿Lo afortunado que soy?»

En cuanto me oí formular sin voz esta última pregunta, gané un poco más de altura, como si volviera a despegarme del Alejandro que contemplaba la escena desde el techo, y sentí un escalofrío que me caló entero, o quizá fue más como si un cuchillo me recorriera la columna, abriéndome un corte que ya dolía y encogiéndome el pecho sobre los pulmones.

«¿Y cómo será cuando ella ya no esté?», oí de nuevo mi voz. Y en ese instante ni siquiera tuve tiempo para respirar, porque el cuchillo se me clavó en la espalda y el dolor fue tan inmenso que me quedé sin aire mientras las posibilidades inundaban el salón vacío como un diluvio: «¿Cómo será la vida cuando mamá no exista? ¿Cómo será llegar de viaje, encender el móvil para llamarla y que al otro lado de la línea una voz grabada me diga que esta usuaria ya no existe? ¿En qué momento aceptamos que una madre pase de ser ella a alguien que no es? ¿Cómo será la vida sin estas meriendas, sin esta risa, sin la cama-refugio en su apartamento? ¿Por qué nadie nos dice que llega el día en que las madres se van y se apaga una luz, la gran luz, la que ya estaba cuando llegamos y creíamos que iba a durar hasta nuestro final? ¿Cómo es posible que vaya a quedarme yo y ella no?».

Preguntas. Desde arriba, viéndonos sentados a la mesa, todo eran preguntas que iban completando un crucigrama nuevo, forjando así una pregunta distinta, tan terrible, tan desoladora, que tuve que agarrarme al respaldo de la silla para soportar el peso de mamá sobre el hombro.

«¿Y qué será de mí cuando ya no tenga a mamá conmigo? ¿Dónde me refugiaré cuando vuelvan los fantasmas? ¿A quién llamaré? ¿Quién me acogerá?»

Terror. Me invadió un terror atávico a perderla y a perderme sin ella, a esa orfandad inimaginable de mamá y a quedarme sin la única persona en el mundo que sabía sin preguntar, que había vivido conmigo mi infancia callada y que me ataba a la vida cada vez que volvían las sombras.

Y entonces lo supe.

«Tengo que escribirlo», pensé, todavía inmerso en aquel limbo de sentimientos y angustia. No me refería a nosotros, no a mamá. Me refería a la relación, a ese color de cercanía que había entre esa madre y ese hijo a los que contemplaba desde las alturas: la risa, la forma en que mamá apoyaba su cabeza en mí, todo lo vivido, lo superado, el cansancio y esa apuesta constante por vivir a pesar de todo. Tenía que escribir a mamá porque entendí que no solo era una mujer especial por ser mi madre —¿quién no siente a su madre como un ser especial?—, sino porque realmente era una mujer de otro mundo, una persona que me había convertido en un hombre privilegiado al tenerla. Tenía que escribirla para no perderla, eso era. «Porque si ella se va y yo no la he escrito antes, no me quedará nada y me volveré loco. No podré seguir», fue lo que pensé. «No lo soportaré.»

Y eso fue lo que hice.

Esa misma noche recogí mis cosas del apartamento de mi madre y Rulfo y yo volvimos a casa.

Llegué a medianoche. Rulfo saltó del coche en cuanto aparqué y se perdió entre los árboles y los campos, feliz de estar de regreso. Yo entré en casa, encendí la estufa de leña y me senté a la mesa del estudio.

Esa misma noche empecé a escribir *Una madre*.

Es imposible aún contar todo lo que ha ocurrido en mi vida a raíz de esa novela, para empezar porque siguen ocurriendo demasiadas cosas derivadas de su publicación, tanto en el ámbito profesional como en el privado. Hablar de lo que *Una madre* ha supuesto para mí da para un libro entero y no es lo que aquí me ocupa. Son tantas cosas las que han llegado desde entonces, tantos cambios y tan importantes algunos...

Uno de ellos, quizá aquel cuyo impacto más ha reverberado en esa frágil superficie del lago que sigue siendo mi vida, se refiere a los abrazos. Desde que publiqué *Una madre* algo cambió en mi percepción física del entorno. No fue inmediato, pero no tardó. Y mentiría si dijera que sé a qué se debió exactamente. A veces pienso que en realidad escribí la novela precisamente porque muchas cosas habían cambiado ya —el divorcio de mamá y la posterior desaparición de papá, mi traslado al campo, el final de la enfermedad—, que llegó cuando entre todos asimilamos y aprendimos a colocar esa libertad que, con el abandono de papá, nos llegó a los cuatro cuando ya no creíamos que fuéramos a conocer otra estructura familiar, más allá de la que habíamos tenido siempre. Pude escribir cuando pude respirar, cuando por fin madre y hermanos empezamos a acercarnos sin sentir sobre la espalda el peso de esa mirada plana y castigadora que no sumaba, que nunca sumaba.

Lo he dicho y lo diré mientras me quede voz: *Una madre* es una de esas obras que llegan para cambiar realidades, y quizá esté mal que sea yo quien lo diga, pero entiendo que esto es un ejercicio de sinceridad y mentiría si no lo reconociera así. Cuando la novela se publicó y poco a poco empezó a despegar, me embarqué en una promoción que todavía dura —son ocho años ya— y que desde el principio me enfrentó a un escenario que yo no había esperado. Había creado una familia —y un personaje, el de Amalia— que rápidamente pasó a ser de todos. Esa cercanía, esa conexión, ese estar dentro del pequeño apartamento donde Amalia y sus hijos viven su particular noche de fin de año creó una cadena de vínculos con los lectores y las lectoras que enseguida fue más allá del documento escrito. Había un nexo humano, real, y enseguida, ya en las primeras presentaciones, entendí que quienes venían a oírme y a verme lo hacían con el ánimo de quien va al encuentro de un amigo, de alguien a quien uno conoce desde hace tiempo, alguien que es familia.

Entonces llegaron los abrazos.

Fue lo más difícil. Aquellos abrazos, recibidos sin preguntar, de quienes venían a las presentaciones contenían una verdad de la que yo no había participado desde niño. No preguntaban. Nadie. Cruzaban esa trinchera sagrada sin pensar y sin que hubiera por mi parte tiempo ni capacidad de reacción para evitarlo. Se acercaban a que les firmara su ejemplar y, cuando querían una foto, se agachaban a mi lado y me abrazaban para posar. Yo era consciente de mi rigidez al sentir el contacto con la piel ajena y sufría por si los demás la notaban. Fue muy duro al principio. El cuerpo a cuerpo nunca había entrado en mis planes. De hecho, hasta *Una madre* siempre había intentado evitar promocionar presencialmente mis obras, por un lado porque estaba convencido de que no iba a aparecer nadie en las presentaciones (y no me equivocaba) y, por otro, por el temor a la posibilidad de ese contacto físico para el que no me sentía preparado. Tanto era así que nunca dejé que nadie de mi familia viniera a ninguna presentación. Me podía el terror a quedar al descubierto. Temía que fueran testigos de mi fracaso y ver la compasión en sus ojos.

Costó, costó un mundo al principio. *Una madre* había llegado para quedarse y enseguida estableció un vínculo con los lectores y con las lectoras que trascendió lo meramente literario. Amalia se convirtió en la madre de todos y yo pasé de algún modo a formar parte de las familias de mis lectores y lectoras, y como tal —como uno más— empezaron a tratarme. Poco a poco fui relajándome. Presentación tras presentación, empecé a entender que realmente estaba en una especie de burbuja familiar y que no había peligro en los abrazos que recibía, solo afecto y ganas de estar cerca durante unos segundos, porque la emoción de lo compartido estaba ahí ya, era común.

Tuve que aprender, a base de práctica continuada, que los abrazos no tenían por qué llevar implícito un componente sexual y que no había peligro, que yo no corría peligro de tener que responder a una expectativa que me aterraba. Para mí, físico equivalía a sexual, no sabía leer el abrazo o una caricia como una simple muestra de cariño. Durante años, muchos, he vivido inmerso en esa confusión: si alguien se me acercaba y quería tocarme era para hacer de mí un objeto sexual, no para expresarme su afecto. Estaba tan habituado a evitar el contacto con los demás que cuando por accidente mi mano rozaba la de un amigo o la de un extraño, automáticamente pedía perdón, aterrado ante la posibilidad de que creyeran que quería algo con ellos, algo sexual.

Con el paso de los meses, todas esas mujeres-madres que fueron abrazándome durante mis presentaciones me enseñaron a temer menos y sobre todo a confiar más, hasta que llegó el día en que pasé de dejarme abrazar sin tensarme a ser yo quien, *motu proprio*, propiciara los abrazos. Si soy sincero, debo confesar que no sé cómo ocurrió, no hubo un momento exacto que marcara ese cambio. Lo que sí recuerdo fue que un día me sorprendí diciéndole a una lectora que, después de la firma de su ejemplar durante un acto en Sevilla, había dado media vuelta y bajaba ya del estrado:

—¿Y el abrazo para cuándo?

Ella se rio y quienes esperaban su firma la imitaron. Yo me

reí también, no tanto por su reacción sino porque al oírme hacer la pregunta me sentí fuera de juego. Aquel no era yo.

¿O quizá sí?

La mujer volvió al escenario, se acercó a la mesa de firmas y esperó a que me levantara para darme su abrazo. Cuando nos abrazamos, sentí por primera vez que me apoyaba por completo en su cuerpo, con la superficie entera de mis brazos y mi pecho, relajándome contra ella. Y mientras estaba así, con la barbilla apoyada sobre su hombro, dije a nadie:

—Qué alivio poder abrazar así, como si no fuera a pasar nada.

«El *tour* de los abrazos», así ha terminado llamándose la gira de promoción de *Una madre*, que, casi ocho años más tarde, todavía dura.

Y ahora viene lo mejor.

Lo mejor es que a veces, no pocas, la ficción incide en este otro plano de la realidad al que extrañamente llamamos «vida» —como si la imaginación o los sueños no formaran parte de lo que somos— y ocurren cosas como la que vivimos en casa a partir de entonces. Es muy sencillo de contar, aunque quizá la explicación no lo sea tanto.

Recuerdo la fecha. Hasta la hora creo recordar. Eran las seis de la tarde y era mayo, el 15. Faltaba un día para el cumpleaños de mamá. Llegué a su casa directamente del aeropuerto tras un largo viaje de ferias por Argentina y Perú, promocionando, cómo no, *Una madre*. Al entrar en el apartamento, Trufa y Rulfo bajaron como el rayo del sofá a saludarme y, mientras yo colocaba la maleta y la bolsa del ordenador en el hueco del pasillo, vi aparecer a mamá por la puerta de su cuarto. A juzgar por cómo llevaba el pelo, entendí que acababa de levantarse de la siesta. En cuanto me vio, se iluminó entera y empezó a moverse como una niña que acaba de ver un regalo sorpresa al que tiene prohibido acercarse, exclamando y casi gritando de alegría, pero quieta en su pequeño círculo.

Puede que fuera el jet-lag, o quizá simplemente tenía que ser así, en ese pasillo, ese día, no lo sé aún ni lo sabré ya. De repente la vi allí de pie, delante de mí, tan pequeña y roja de felicidad, agitando los brazos como si le faltara el aire, y sin pensarlo me acerqué y le dije:

—Mamá, ¿por qué nunca me abrazas?

Ella se quedó muy quieta, como si se le hubiera acabado la cuerda de golpe, y me miró con los ojos entornados, deslumbrada por el doble foco de luz del pasillo. Tardó en contestar, como si dudara.

—Es que me da miedo —dijo, bajando la vista.

—¿Miedo?

Asintió.

Pasó un instante, que se estiró durante varios segundos entre el rugido metálico del reguetón que subía desde los bancos de la plaza y el murmullo del televisor que mamá había dejado encendido en su cuarto.

—Me da miedo que no quieras y que si te abrazo me rechaces. —Sonrió, pero fue una sonrisa casi de vergüenza, o de disculpa. Luego dijo—: Es que me dolería mucho.

Lloro ahora. Lloro mientras escribo esto porque recuerdo el momento y porque ella ya no está. Lloro porque me emociona pensar que a veces es necesario llegar a esa franqueza y a esa desnudez para que dos personas se vean y entiendan que hay que pedir con la verdad para que lo que somos se entienda. No lloré esa tarde. Ni esa tarde ni después. Con mamá raras veces. Con mamá nunca.

Lloro de nostalgia porque vuelvo a verla mirándome como lo hizo al hablar y nos veo desde arriba, acercándome a ella y abrazándola despacio en mitad del pasillo, y recuerdo el olor de su piel, el calor que la siesta había dejado en ella, y su rigidez primero, tan familiar, los brazos a los lados, sin saber qué hacer, como una muñeca mayor, hasta que la estreché contra mí y le di un beso en el pelo aplastado de la coronilla y su cuerpo dejó de resistirse, aunque no del todo, desmadejado aún.

—A partir de ahora, cada vez que venga a verte nos daremos un abrazo, ¿vale? —dije, sin soltarla todavía—. Así a lo mejor aprendemos.

Ella asintió y murmuró algo que no entendí.

Nos separamos torpemente y mamá se metió en su cuarto para vestirse y acompañarme a pasear con los perros. Al poco sonó su teléfono. Era la mediana. Sentado en el sofá, con Trufa sobre las rodillas y Rulfo tumbado a mi lado, esperamos a que mamá terminara de hablar. No debió de darse cuenta de que Rulfo se cansó de estar sobre la alfombra a mi lado y decidió ir a buscarla, dejando la puerta abierta del cuarto al entrar, porque minutos más tarde, oí que bajaba la voz y decía, casi susurrando:

—¡Me ha abrazado!... ¡Sí!... ¿Quién va a ser? ¡Tu hermano!... No, ahora vamos a sacar a los perros... Sí, claro, no te preocupes. Estaré atenta. Igual le pasa algo gordo y no sabe cómo decirlo. Hay que vigilar, sí. Te llamo esta noche, cuando se haya marchado, y te cuento.

Sonreí. Mamá y sus conspiraciones. A pesar del jet-lag, me alegré de haber pasado por su casa antes de volver a la mía. Ella siguió hablando un rato más antes de colgar y luego terminó de vestirse. Cuando salió del cuarto me levanté, me acerqué a ella y le dije, poniéndole las manos sobre los hombros:

—¿Un abrazo?

Ella me miró con cara de «efectivamente, a este hijo mío le pasa algo porque esto no es ni medio normal» y, sin poder evitarlo, saltó, retirándose un poco hacia atrás:

—¿Otro? ¿Ya?

Me reí y, al ver mi reacción, mamá reparó en la suya y se echó a reír también. Y nos reímos juntos, deshaciendo la tensión y la extrañeza para recuperar esa complicidad que de pronto había empezado a extenderse también al contacto físico. Había alivio en ella y también en mí, y la risa común lo celebró porque los dos lo estábamos viviendo en tiempo real.

Pero más nos reímos cuando ella se detuvo al llegar a la puerta de la calle y se volvió a mirarme.

—Oye —dijo de repente, como si acabara de caer en algo importante—: ¿Y esto de los abrazos también vamos a tener que hacerlo con tus hermanas?

La miré. Estaba verdaderamente preocupada. Cuando quise responder, no me dejó hablar.

—Porque con la mayor, no sé yo… —añadió—. A lo mejor nos vendría bien la ayuda de la gordita india esa que abraza gratis por los polideportivos grandes. Ya sabes, la budita abrazadora del incienso…

Sea como fuere, pasamos de ser una familia que jamás se tocaba a, poco a poco, sumar los abrazos a lo que somos. Costó, costó porque nos dimos cuenta —aunque nunca lo dijimos— de que nos habíamos criado sin ellos y no sabíamos cómo acercarnos entre nosotros. Éramos torpes y desconfiados, y el abrazo decía demasiado de cada uno. Mis lectoras deben de estar felices porque sanaron un vacío que no solo me hería a mí, sino que reajustaron sin saberlo la expresión de los afectos de una familia entera, la misma que ellas habían hecho suya con *Una madre*.

La literatura sana, creedme.

Yo soy prueba de ello.

UNA VERDAD Y EL PRINCIPIO DEL OLVIDO

No decimos las cosas que deberíamos y sí las que interesan poco, o cambian poco, o nos comprometen poco. Así pasamos la vida, haciendo ruido que se mezcla con el ruido ajeno para no tener que oírnos y enfrentar lo que nos hace daño. Si no hablamos de ello, no existe. Y eso mismo esperamos de los demás: que no cuenten, que no digan. Escuchar al otro, lo que importa del otro, exige una implicación que a menudo no queremos conceder, porque en cuanto la damos estamos abiertos también a que el otro pregunte en la misma sintonía, que las reglas sirvan para los dos.

Durante estos últimos años de exposición más intensa a menudo he sorteado temas que sabía que, directa o indirectamente, me llevarían a esa región pantanosa y no compartida que era la de mi infancia. No quería. No quería mezclar mi universo literario con esa oscuridad heredada, siempre pendiente de que mis obras quedaran «limpias de eso», a salvo de lo que temía que se viera como una mancha, que generase un rechazo que no podía permitirme.

Las pocas veces que me he referido a lo que ocurrió, lo he hecho en abierto, de una forma directa y siempre en charlas, conferencias o encuentros que nada tenían que ver con mis libros, y mi relato ha empezado siempre así: «Yo fui un niño abusado» o «Yo fui un niño violado», dejando patente en mi presentación que si hablaba como iba a hablarles era porque una parte importante de mí era esa, quería que lo tuvieran en cuenta. Normalmente, después de esa aclaración, ahí terminaba todo.

Solo en un caso hubo una exposición detallada de una parte del episodio de los abusos delante de una audiencia y ocurrió ante un público que no venía a ver a un escritor hablar de literatura, sino a un hombre que quería decirles algo que nada tenía que ver con eso. Fue en una charla TED que di en León. Si no recuerdo mal, unas mil doscientas personas abarrotaban el auditorio. Yo había sido invitado para hablar de la capacidad de sanación de la palabra escrita. Antes de la charla, en el hotel, recibí una llamada de mi madre. Estuvimos hablando un rato de esas típicas naderías de las que hablan madres e hijos cuando el hijo está de viaje y la madre quiere asegurarse de que no hay ninguna novedad. En aquel entonces hacía muy poco que Rulfo había muerto y yo llevaba su duelo como podía. Mamá estaba preocupada por mí y llamaba más de lo habitual.

Cuando ya nos despedíamos, preguntó:

—Lo echas mucho de menos, ¿verdad?

La pregunta me pilló por sorpresa y mi reacción fue corporal. No habíamos mencionado a Rulfo en lo que iba de semana y yo me había relajado. Enseguida se me llenaron los ojos de lágrimas y no pude hablar. Ella esperó en silencio, pero su espera no hizo más que estirar la pena que en ese momento nos unía. Por fin pude hablar.

—La verdad es que ni siquiera me atrevo a echarlo de menos, mamá —le contesté—. No preguntes.

Ella inspiró hondo, como si lo que yo acababa de decir le hubiera dolido tanto o más que a mí.

—Ya —dijo. Y luego, como si lo hubiera pensado mejor—: Pasará, ya lo verás. Llevará su tiempo, pero pasará.

Sentí rabia y no la controlé.

—Puede —le contesté—. Pero es que yo no sé si quiero que pase.

No dijo nada. Oí a la mediana llamándola desde lo que supuse que era el comedor y mamá le respondió que ya iba.

—Lo que quiero es que vuelva, mamá.

—Ya lo sé, Jandro —dijo con la voz llena de aire—. Yo también.

Otro grito de la mediana.

—Tengo que dejarte, hijo.

—Vale. Te llamo mañana cuando llegue a casa.

No habló durante un par de segundos. Cuando creí que ya no lo haría e iba a colgar, dijo:

—Oye...

—Dime.

—Qué bien poder decirnos la verdad, ¿no?

Durante el trayecto en taxi hasta el auditorio estuve masticando esa última frase de mamá. «Qué bien poder decirnos la verdad», había dicho. Sí, mamá tenía razón. Qué alivio no tener que mentir, contar con alguien con quien no era necesario defender el territorio porque era ese alguien quien había elegido ese territorio para ti, quien lo había cultivado y quien había seguido vigilándolo siempre. Mamá era quien era porque de ella no tenía que defenderme, no había nada que ocultarle.

Media hora más tarde, salí al escenario del auditorio y mi charla no tuvo nada que ver con la que tenía programada. En cuanto el auditorio quedó en silencio, pedí a todos los asistentes que cerraran los ojos y yo hice lo mismo. Durante los trece minutos que siguieron, conté como lo habría hecho el Alejandro de ocho años si hubiera tenido que hacerlo delante de Rulfo. Volví al cuarto del hermano L., a esa primera tarde en que, con los ojos cerrados, empecé a inventar una historia hermosa para mi madre que se solapara sobre aquel paréntesis de espanto y abuso y recordé cómo aprendí a escribir mintiendo para evitar que mi madre sospechara lo que ocultaba. Trece minutos. La vida puede ser eterna en trece minutos. La verdad también.

Momentos como aquel me han ayudado a entender que el ser humano reacciona a la verdad directa con el silencio. Ni después de la charla ni en las ocasiones posteriores en que he mencionado esos episodios nadie ha preguntado nada, nadie se ha acercado después, queriendo saber más. Y mentiría si dijera que me ha alegrado. Al contrario. He vivido ese no preguntar como una falta de interés. Y me ha hecho daño. Cuando me he mostrado, buscando que el exterior reaccionara y me tendiese una mano, lo que he encontrado ha sido una mirada de estupor —de horror— que me ha hablado mal de mí. En algunos momentos, he creído incluso que quien provocaba el horror en esas miradas era yo, no mi relato, y he dudado de mí, de si lo que viví me había convertido en un monstruo y de si lo que los demás veían en mí era la radiografía de un culpable.

Ahora entiendo ese silencio. Cuando cuentas lo que yo he contado tocas muchas heridas y muchos miedos, y, sobre todo, muchas verdades enquistadas. Nadie está preparado para oír no tanto lo que cuento, sino cómo lo cuento. Eso lo sé ahora que, desde hace meses, recibo a menudo mensajes de víctimas de abusos en la infancia, de mujeres y de hombres que nunca han hablado porque cuando quisieron no pudieron hacerlo, no había nadie dispuesto a escuchar. Ellos no han aprendido a contar —es algo que veo al leer sus mensajes— porque para hacerlo primero hay que ordenar, y eso raramente se consigue sin la ayuda de un profesional. El horror de los abusos es como la ficción: no es lo que cuentas —que, aunque tremendo, es común a todos— sino cómo lo cuentas, con qué voz, con qué verdad.

La verdad. De eso quería hablar.

O de una mentira.

He mentido estos últimos meses al afirmar que, a pesar de todo, he conseguido mantener mi mundo creativo libre de la verdad que cargo conmigo desde niño. Desde que empecé a escribir, la magia —la que yo experimentaba con la escritura— era precisamente esa: apostar por un mundo en el que esa amenaza no existiera, un escenario libre de sombras, o con sombras que se resuelven siempre con verdad. Pero, aunque creo que he hecho un buen trabajo defendiendo mi terreno, no he logrado mantenerlo intacto. La vida se cuela irremediablemente en la ficción, porque la ficción se nutre de la vida. Es imposible que sea de otro modo, y en mi caso hay un gran neón que me traiciona. Es mi gran «Esto no se dice», el cable sobre el que camino con mi vara de funámbulo entre la realidad y la ficción.

El sexo. Me refiero al sexo.

No hay escenas de sexo en mis novelas. En nada de lo que

hago. Lo he comentado algunas veces en alguna presentación, siempre de pasada, en tono de broma, de tal modo que nos hemos reído juntos —el público y yo— de una anomalía que yo he vendido como una excentricidad simpática, casi como una marca de la casa.

Pero no lo es.

No soy capaz, esa es la verdad. No sé hacerlo. Ya tuve muchos problemas cuando me tocaba lidiar con escenas de sexo en las traducciones que he hecho durante mis años de traductor. Sudaba tinta cuando aparecía uno de esos pasajes, porque no encontraba el cómo: o demasiado cursi o vulgar, o demasiado frontal o puritano... Todo me sonaba mal, trampeaba como podía sobre esas escenas, consciente de que volverían a mi escritorio marcadas en rojo por la mano del corrector. Siempre era así. Aprendí entonces que eso no podía pasarme en mi obra.

¿Y qué hice? Eliminarlas.

Mis personajes no tienen una vida sexual explícita. Ningún lector encontrará nunca una escena de contacto físico —más allá de los abrazos o de las muestras de afecto en familia— entre personajes. No las hay. Mi campana de cristal incluye a las personas —los personajes— que habitan en mi mundo. No hay enamoramientos, solo el amor que queda de enamoramientos ya vividos. La pasión que viven quienes habitan mis novelas es la pasión por la vida, por salir adelante y por ser más verdad con uno mismo, pero nunca pasando por una relación física con quien pueda hacerles daño a través de ella.

No hay sexo porque no he sido capaz de dar a mis personajes esa capacidad de disfrute limpio y libre que yo no he podido tener. No sé cómo se hace, no quiero que sufran eso.

No quiero sufrirlo a través de ellos.

Esa es la parte de mí que vive necrosada desde niño. Ese es el precio: el miedo insuperable a que quien me lee descubra esa discapacidad en el Alejandro real a través de sus personajes, que vean al niño que hay detrás, el que cierra los ojos para que el sexo pase pronto y pueda respirar.

La ficción y la realidad. La vida y la muerte. Siempre hay una grieta por la que la una respira de la otra. Se retroalimentan, se atraen y se repelen a la vez, la existencia de la una es impensable sin la de la otra. Es imposible separarlas del todo.

La vida y la muerte.

La vida o la muerte.

También de eso quería hablar.

La muerte de Rulfo llegó en 2018, un día antes de su decimocuarto cumpleaños. Murió como vivió, haciéndolo fácil, mostrando una madurez en la despedida que los dos compartimos. Lo llevé a morir al veterinario y estuve con él hasta que dejó de respirar, mi nariz pegada a su trufa, sintiendo el aire caliente de sus tres últimos alientos mientras le cogía los belfos con las manos, como lo había hecho siempre que le contaba algo importante y le pedía que me escuchara con atención. Nos despedimos como vivimos: pegados el uno al otro, hombre/perro o perro/hombre. Enrique, el veterinario, un hombre ya a punto de la jubilación, lloraba como lo hacía también Ana, su ayudante. Yo no. Llorar es de valientes y yo salí de la consulta en modo superviviente, sin dejar de preguntarme cómo iba a poder seguir sin Rulfo a partir de entonces. No estaba triste, ni siquiera enfadado. Estaba vacío de él y ese vacío eclipsaba todo lo demás. Huérfano, Rulfo me había dejado huérfano de su incondicionalidad, se había llevado buena parte de mi mejor versión con él y, por más que lo intentaba, no conseguía imaginar dónde o cómo podría recuperarla. Desde el veterinario a casa de mamá conduje como si flotara, y así seguí moviéndome durante los meses que siguieron, entre la incredulidad y esa orfandad que solo cubrían parcialmente Rita, una perrita a la que había adoptado hacía medio año y que hasta entonces había vivido desconfiando de mí y de todo porque su pasado era un nudo de desgracias y maltrato que no quiero ni recordar, siempre a la sombra de Rulfo, y Pelut, el perro de un vecino que, poco a poco, había ido instalándose en el sofá de casa hasta que decidió adoptarme.

En cuanto Rulfo se marchó, volvieron las pesadillas: ese peso de alguien que dormía conmigo en la cama, pegado a mi espalda, con tentáculos en vez de manos que me empapaban con su sudor mientras intentaban arrancarme el corazón. El extraño había vuelto. En esas semanas estaba en plena promoción de *Un amor*, con la que había recibido el Premio Nadal, y mis niveles de estrés habían tocado techo. Viajaba sin parar. Me despertaba en hoteles sin saber en qué ciudad estaba, o me tumbaba a dormir un rato de siesta antes de las presentaciones y cuando abría los ojos y veía que eran las siete, me levantaba con el corazón en la boca, creyendo que era por la mañana y que llegaba tarde al aeropuerto. Los viajes hicieron más llevadero el duelo por Rulfo, aunque no lo mitigaron. Me costaba volver, pero tenía a Rita y a Pelut esperándome en casa y había que seguir. Y estaba tan cansado… Tenía que estar feliz porque había ganado un premio con el que había soñado desde mi adolescencia, estaba «triunfando», todo me sonreía y yo sentía que no podía salir de ahí, de esa imagen que era la correcta.

Cada vez que intentaba levantar la mano para hablar y pedir una pausa, mi voz sonaba como una queja que se recibía mal. «No seas quejica», «Muchos pagarían por estar en tu lugar», «Pero ¿no era esto lo que querías?», «A ver si te aclaras. Es que eres el eterno insatisfecho, Alejandro. Siempre refunfuñando por todo: aprovecha el momento, ya descansarás cuando esto pase».

Yo solo quería que Rulfo volviera y salir al pantano con él para bañarnos juntos. Quería oírlo subir a mi cama por la noche y ese suspiro de perro feliz que llegaba cuando por fin se acomodaba junto a mí y me ponía el morro en el cuello. Y quería que el hombre sucio se marchara, poder dormir sin sudar, sin sus manos intentando arrancarme el corazón.

Quería vivir y no podía decirlo. Cuando lo sugería, cuando me atrevía a verbalizarlo, ese otro Alejandro que me quiere perfecto a los ojos del mundo, ese que no me permite fallar ni decepcionar a quienes han confiado en mí, me cubría con su propia campana de cristal y el eco de su voz de acero me golpeaba por dentro.

«Esto no se dice», siseaba la voz. «Ahora no.»

No tenía fuerzas para seguir. Comía muy poco y dormía tan mal que vivía con la sensación constante de que no llegaba nunca a alcanzar el sueño. La ansiedad me comía y los viajes dificultaban poder encontrar huecos para mis sesiones de terapia. Y luego estaba el silencio: no preocupar a los míos, que mamá no notara nada, que la mayor y la mediana no me vieran así... Cuando quise darme cuenta, me había convertido en la peor expresión del funámbulo que soy: caminaba por mi cable casi a ciegas, confiando solo en la inercia y en el tiempo. «Es finito», me repetía cada vez que me tocaba viajar. «Venga, esto es finito.» Y volvía al aeropuerto, a la estación, a la carretera con la sensación de que no lo era y de que me debía a lo que había conseguido, porque en el fondo seguía sin creer merecerlo. Fue durante esa gira cuando empecé a medicarme (escitalopram, Lexatin, lorazepam). Demasiadas taquicardias, vómitos, incapacidad de concentración…, no podía entender lo que leía y mucho menos escribir con el ordenador (había empezado a pulsar teclas equivocadas al escribir y a no reconocer cuál era la tecla correcta para poder corregirme), confundía las señales de tráfico y los colores de los semáforos, sufría episodios de una profunda tristeza de los que emergía exhausto, conocí por primera vez la fotofobia y la vista cansada, hasta el punto de empezar a ver doble a los cinco minutos de despertarme… Y echaba tanto de menos a Rulfo que, cuando volvía a casa, su ausencia se hacía aún más evidente comparada con la alegría mal sintonizada de Rita y Pelut. A veces los odiaba por estar y luego me sentía tan culpable que los metía conmigo en la cama y podíamos estar allí refugiados dos días seguidos.

Y el silencio. El silencio siempre. «Que no se enteren. No cuentes.»

Esto no se dice.

Pasaron varias semanas hasta que la medicación empezó a hacer efecto y durante ese tiempo sentí que perdía las ganas de seguir. De noche, el hombre volvía y sus manos me buscaban, siempre sucias, y el lorazepam enturbiaba el sueño todavía más. Llegaron viajes más largos, ferias en Latinoamérica, y con ellas llegó también el pánico a no poder.

La vida y la muerte, la una imbricada en la otra. La frontera que las separa es una línea delgada como una raya de tiza en el suelo.

Pensé en terminar con todo. Al principio fue una posibilidad abstracta, una forma de decirme que siempre había algo peor, siempre había alguien que estaba peor que yo. Pero poco a poco la idea de la muerte empezó a instalarse en todo: no quería vivir así, no había energía ni fortaleza de las que tirar para seguir y mi retiro me asfixiaba. Cuando pensaba en los viajes, en las presentaciones, entrevistas y charlas que todavía quedaban, llegaba el pánico.

—Paciencia —me dijo mi médico al teléfono—. En cuanto la medicación empiece a hacer efecto, todo cambiará. Dale tiempo.

Pero tiempo era lo que no tenía. Ni tiempo ni confianza. Empecé a pensar que me iba a quedar así para siempre, sin poder leer, sin poder escribir, sin dormir más de dos horas seguidas… Y si no podía escribir, no tendría de qué vivir. No, tiempo no tenía.

Yo quería un final.

Yo quería morirme. Literalmente.

Empecé a pensar en cómo hacerlo, a veces de manera obsesiva. Me daba tanto miedo tener que vivir en aquel estado que necesitaba saber que existía una forma dulce y no agresiva de evitarlo. Quería irme como había visto hacerlo a Rulfo: con las manos de alguien querido sobre las mejillas, su nariz contra la mía y dejando de respirar como si de pronto ya no fuera necesario. Eso quería. Y quería a Rulfo al otro lado, esperándome, esa parte de mí que se había desmoronado con su ausencia y que no había modo alguno de recomponer.

Y además estaba mamá.

Mayor. Mamá se hacía mayor. En los dos últimos años habían llegado los problemas de salud: un melanoma extirpado a tiempo, peor visión y también la memoria. La desorientación no era la misma de siempre, los despistes tampoco. Lapsos mentales, olvidos injustificables... A mamá empezaba a fallarle la cabeza y todos lo sabíamos, aunque estábamos en ese compás de tensa espera en que los hijos debatíamos sobre si preocuparnos o asumir que la vejez se presentaba así. Enfermedad o vejez. Sabíamos que querer saber tenía un precio y que, si había un diagnóstico, no habría marcha atrás. Darle un nombre a su estado era darle también un mapa de plazos que no sabíamos si éramos capaces de afrontar. Yo vivía esas nuevas sombras en la mente de mamá como la señal de salida de mi propio final. Sin Rulfo quizá, sin mamá no. ¿Quién iba a darme refugio cuando el niño volviera a doler? ¿Dónde encontrar una cómplice como ella, que lo hubiera vivido todo desde el principio, que entendiera cuál era el vacío al que vivía asomado? ¿Cómo iba a sobrevivirla?

Quería que alguien me cuidara, que alguien me salvara, que pasara algo que me ayudase a quedarme o que me empujara a irme, pero seguir tropezando sobre mi cable no más, no había más fe en mí, no quedaba luz.

Entonces, un día mamá vino a verme a casa. Era un sábado. Llamó temprano y dijo:

—Oye, he pensado que podría ir a verte y pasar juntos el fin de semana. Así te ayudo a doblar ropa, seguro que debes de tener el cuarto hasta arriba, y de paso vamos también a la tumba de los abuelos a ponerles unas flores.

No tuve fuerzas para decirle que no.

A media mañana bajé a buscarla a la estación más próxima y, después de pasar por el mercado, regresamos a casa. Fue un fin de semana tranquilo. Todavía hacía frío, pero el sol calentaba el campo y oscurecía tarde. Después de la siesta salimos a pasear hasta el cementerio. Mamá estaba extrañamente tranquila. Hablamos de la mediana y de la mayor, chismorreando un poco sobre las últimas novedades. Los tres perros corrían a nuestro alrededor, atentos a cualquier otra señal de vida animal.

—¿Cómo estás? —preguntó por fin mamá cuando recorríamos el tramo que separa la iglesia del cementerio.

—Bien. Algo cansado, pero bien —mentí.

Caminamos unos metros más. Las primeras golondrinas se dejaban ver ya en el aire y la brisa era fresca y olía a limpio.

—Ajá, ¿y por eso tienes tan mala cara?

—Ay, mamá, no empieces.

Seguimos avanzando. Pasó un ciclista y Pelut, que los odia, se tiró a morderle los tobillos, aunque sin consecuencias. El ciclista maldijo —nos maldijo— y siguió su camino.

—Es que soy tu madre —dijo mamá—, y te conozco mejor que nadie. A ti te pasa algo. Y sé que al final me lo contarás. Las madres sabemos.

No sé por qué, pero el comentario no me sentó bien. El sol me molestaba la vista y el cuerpo no me respondía como me habría gustado. Me sentía débil y enfermo.

—¿Sabes una cosa? —dije, dejando de andar.

—Dime.

—Pues que eso de que las madres tal y las madres cual está muy bien, pero, aunque te parezca mentira, créeme si te digo que te conozco mejor yo a ti que tú a mí.

—¿Ah, sí?

Asentí.

—Sí, mamá. Es tan fácil de entender como que no hay ningún otro hombre en el mundo que haya vivido dentro de ti.

—¿Cómo?

—Que soy el único hombre que te ha visto por dentro —dije—. He pasado nueve meses viviendo en ti, palpando tus venas y tus arterias, oliendo tus fluidos, flotando en ellos, oyéndote palpitar y respirar y vibrar cuando algo te asustaba, cuando te reías o cuando sentías dolor porque yo te lo provocaba.

Ella me miraba sin moverse, con la mano sobre los ojos a modo de visera. Los perros esperaban en la puerta del cementerio.

—Y cuando miraba, todo lo que veía eras tú —continué. Ahí me tembló un poco la voz. Estaba empezando a desmontarme e intenté parar—. Como cuando salgo aquí de noche y veo ese cielo negro lleno de luces y reflejos, esa bóveda eras tú, mamá. Y siento que yo no puedo quedarme sin eso, sin esa bóveda.

No pude seguir. Mamá siguió mirándome unos segundos y, antes de echar a andar hacia el cementerio de nuevo, se colocó bien las gafas. Luego dijo:

—¿Lo ves? Ya sabía yo que a ti te pasaba algo. —Se acercó a mí y me cogió del brazo—. Lo sabía. Si es que te conozco como si te hubiera parido.

Me reí. A pesar de todo no pude contener la risa y, en cuanto me vio, mamá se sintió ganadora y se unió a mí, encantada de verme como ella quería verme. Nos reímos juntos durante parte del breve trayecto, ella cogida de mi brazo con una mano y con las flores que le llevábamos a la abuela en la otra, y así llegamos a la verja de hierro del viejo cementerio.

Cuando introduje la llave en el candado, mamá me puso la mano en el brazo y tiró de mí hacia ella.

—¿Y ahora? —dijo—. ¿Vas a contarme lo que te pasa?

NO SÉ QUIÉN INVENTÓ ESO DE QUE ES LEY DE VIDA QUE LAS MADRES MUERAN ANTES QUE SUS HIJOS.
A VECES TE OIGO Y OIGO A LA ABUELA.
RITA, SAL DE AHÍ.
QUÉ RARO QUE YA NO ESTÉ, ¿VERDAD?
¿LA ABUELA? ESTÁ, PERO DE OTRA MANERA. ESTÁN.
SI NO HUBIERA SIDO POR TI, YO NO HABRÍA VIVIDO TANTO.
NO DIGAS ESO.
ES QUE TENGO LA SENSACIÓN DE QUE YA LO HE HECHO TODO. DE QUE YA ESTÁ.
LLEVAS DICIENDO ESO DESDE QUE ERAS JOVEN. SIEMPRE TE DA POR AHÍ.
ES QUE ES VERDAD.

¿A TI TE DA MIEDO? MORIRTE, DIGO.
NO. ME DA MIEDO QUE DUELA, ESO SÍ. PERO IRME NO.
A MÍ TAMPOCO. AL REVÉS, ME DA TRANQUILIDAD QUE ESTO SEA FINITO. ME ALIVIA.
ES QUE NO LO HAS TENIDO FÁCIL, JANDRO. NUNCA. YA LO SÉ.
YO NO ME HE IDO YA POR TI. PORQUE, POR MUY AL BORDE QUE HAYA ESTADO A VECES, NO PODÍA HACERTE ESO. NO PUEDO.
MIRA, TE VOY A DECIR UNA COSA. A MI EDAD, YO SÍ QUE LO HE HECHO TODO. SI VIVO ES POR VOSOTROS, POR TUS HERMANAS Y POR TI. LO DEMÁS... ASÍ QUE POR MÍ YA PUEDES DEJAR DE PREOCUPARTE.
¿EN SERIO?

c- No he sido un hombre enamorado.
No he sabido serlo y está bien así.
O quizá me tocó ser impar desde la raíz.
Sin tiempo.
Sin compañía.
Esférico.
¿No lo son acaso los planetas?

d- No he sido feliz.
He dedicado los cincuenta primeros años de mi vida
a despellejarme la infelicidad de la infancia.
Me queda el alivio de haber sobrevivido al esfuerzo.
Y la vida.
Queda la vida.
Bendita.

e- No he sido madre.
Es quizá lo que más lamento.
La imposibilidad sin un solo resquicio.
Sentir que unos ojos te miran
desde dentro.
Que alguien encaja
gracias a ti.

La lista es infinita y la flor
solo una.
La dejaré cortada sobre todas las vidas
que no viví.
Morirá pronto.
La marea del tiempo la barrerá.

Quedará entonces la memoria.
Hasta que alguien arranque otra en algún camino
y todo pueda volver a ser de nuevo:
Impar.
Esférico.
Planeta.

relló, por los cuidados y la tranquilidad. Y gracias, cómo no, a Verónica, Mónica y Nury, sin vosotras la vida lo sería mucho menos.

Sobre todo, gracias a la vida, que me ha dado y me ha quitado tanto, nunca injusta, nunca justa…, vida nada más.

ÍNDICE